U0908456

ZHAO ZHI XIN
赵之心
女性健康
用哑铃
NV XING JIAN KANG YONG YA LING

赵之心 编著

文匯出版社

热心读者留言板／www.homho.com E-mail／jiantong@homho.com

范志红 食品科学博士，中国健康促进与教育协会理事，中国营养学会理事，卫生部、中央文明办“相约健康社区行”全国巡讲专家，多次在“健康之路”“健康北京”“健康生活”“健康一身轻”“快乐健身一箩筐”“养生厨房”“万家灯火”等健康类电视栏目中担任主讲嘉宾。

美丽的身体，长久的青春，这是每个女性梦寐以求、追求一生的目标。说到保持青春，人们往往想到的是吃补药、吃维生素、节食、美容、换肤……但很少有女性想要做一些肌肉锻炼，甚至对健身房都敬而远之，她们常常说：我可不愿意把自己变成“肌肉女”。

不过如果换一句话来问，你愿意自己全身皮肤松弛、赘肉成堆，或者瘦到皮包骨吗？相信所有女性都会强烈摇头。但是，事实就是这样，一旦肌肉力量下降，就会直接影响我们的身材，即使很瘦，但看起来却像挂着一层皮，一点美感都没有；反之如果肌肉中脂肪含量过高，我们就会长出讨厌的“游泳圈”。无论是哪一种，显然都与美丽相去万里。

因为每天工作繁忙，所以总是以没时间为借口，放任自己的肌肉日益松弛，内脏功能日益低落，腰上的“游泳圈”越来越大，说得过去么？

当然说不过去。因为，帮助我们轻松健身美体的方法就摆在这里——无需换游泳衣，无需换跑步鞋，无需暴露于众目睽睽之下，无需花钱办健身卡——这就是风靡世界的哑铃操。

赵之心老师的新书《赵之心女性健康用哑铃》当中，不仅告诉女性如何用小小哑铃，在小小空间当中打造健美身体，而且给女性很多贴心的忠告，帮助女性解决人生不同年龄段的所有重要课题：美体、瘦身、生育、健骨、防衰、防病……

赵老师这本书，绝不仅仅是给年轻女性看的美体书，而是女性一生当中都应当看的幸福生活书。

这本书中有些动作我也做过。十多年前我曾看过一个日本专家写的书，里面讲到哑铃的减肥方法，当时觉得很受启发，于是也买了哑铃备着。虽然由于我惰性很大，没有规律锻炼，但只是想起来时偶尔做做，已经受益良多。因此我相信，如果大家能按照赵老师的书系统训练，一定能收获更多惊喜。

说到这里，在汗颜的同时，也再一次下定决心，为了永远保持健康又苗条的身材，要把肌肉保卫战进行到底！女性朋友们也和我一起拿起哑铃，加油锻炼吧！

范志红

2010年3月

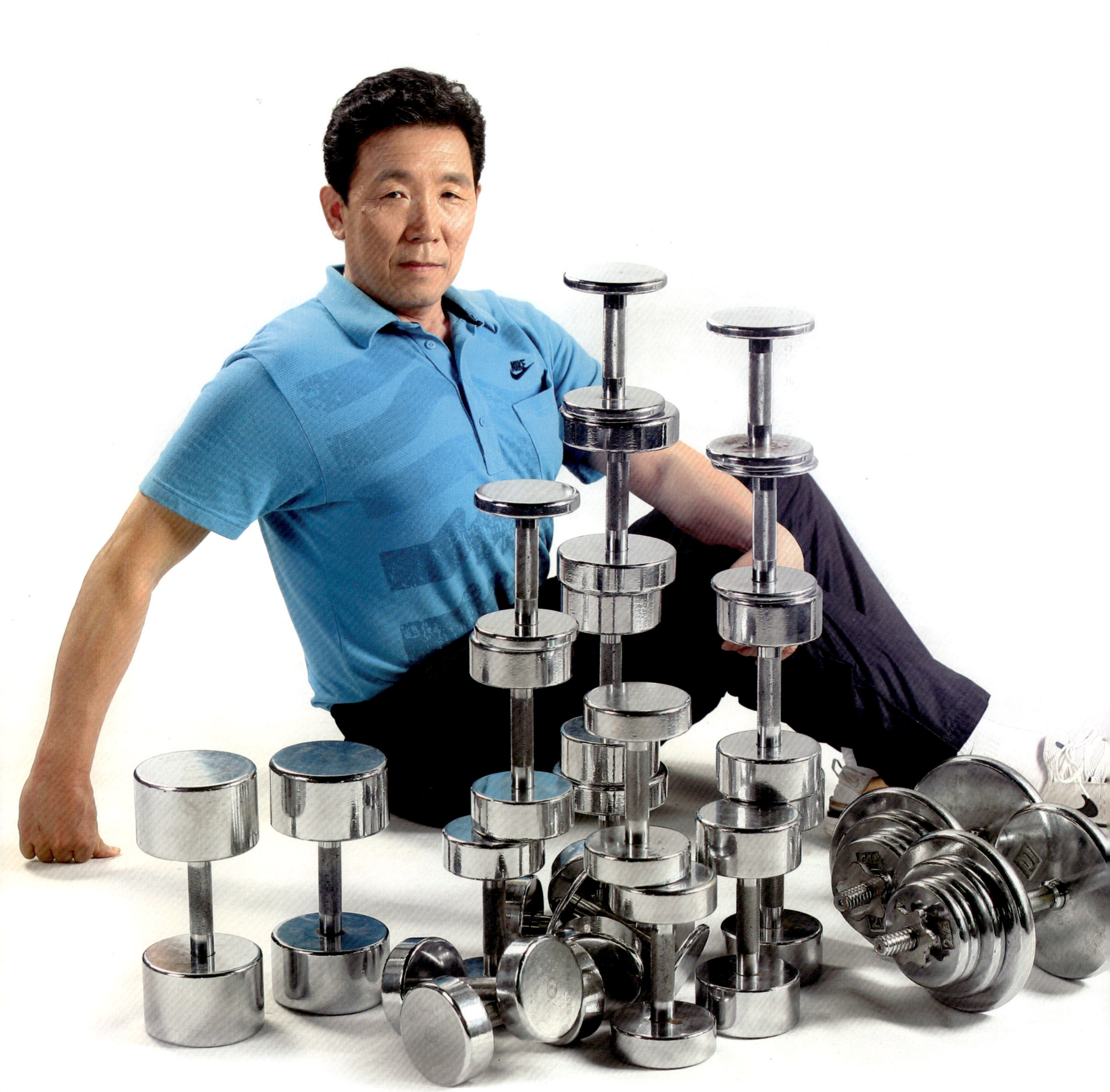

FOREWORD

前言

很多人问我，为什么要单独出一本关于女性用哑铃的书？这个想法应该源于我的前一本哑铃书：《赵之心哑铃最健身》。在那本书的签售讲座现场，我发现很多女性读者非常关注我所讲的哑铃健身内容，而且还向我咨询了很多女性健康问题，正是她们的这种热情，激发了我写这本书的想法，希望能够通过这本书，为繁忙的现代女性提供一种能够用得上，并且用了就见效果的健康方法。

现实生活中，很多女性都会对哑铃等力量锻炼存在疑问，她们担心这种锻炼会让自己的肌肉过度发达，影响女性美，但实际上并不会这样。一般来讲，如果女性想让自己的肌肉变得发达结实，必须借助男性荷尔蒙或者蛋白质补充剂才能实现。

其实女性朋友更需要力量锻炼，因为女性的很多问题都是因为力量的缺失，大到骨质疏松、更年期综合征，小到月经不调这些疾病，还有手足冰冷、疲劳、失眠这些亚健康症状，都可以通过力量锻炼来解决。

而哑铃锻炼则是最简单、最方便的一种力量锻炼方式。有针对性的哑铃锻炼不仅可以帮助女性解决很多恼人的健康问题，还有很好的塑型功效，尤其是局部的练习，会让身材变得更完美，达到“减一分则少，增一分则多”的完美境界。

哑铃锻炼还有一个好处，就是随时随地都可以进行，只要自己的手能闲下来，就可以随手拿“哑铃”做做操。而且哑铃锻炼没有年龄限制，从十几岁到几十岁都可以练习，这本书里我也针对不同年龄阶段讲解了不同的锻炼方式。如果你是一位母亲，你可以让自己的女儿陪你一起练习哑铃；如果你是一个女儿，你可以邀请自己的母亲加入你的练习，让自己和家人共享健康和美丽。

在本书的成书过程中，我的夫人牛敬莹女士给了我很大的支持，并亲自参与了本书的图片拍摄，在此我要特别感谢她。另外还要感谢所有为这本书付出过心血的工作人员，是他们的努力才最终让这本书呈现在广大读者面前。

最后，祝愿全天下的女性朋友都能健康、美丽、青春永驻！

赵之心

2010年3月

CONTENTS

目录

3 击退女性常见的健康顽疾 …… 57

4 让职业女性拥有健康和成功 ………… 87

6 女性一生的力量锻炼

Zhao Zhi Xin

Nv Xing Jian Kang

Yong Ya Ling

力量锻炼，让女性红颜不老

广义的力量锻炼，指一切有助于提高身体力量、提高肌肉质量及增强骨骼强度的运动项目，如大家熟悉的武术、瑜伽及以杠铃和器械为主的负重型练习，自然也包括哑铃。研究表明，哑铃等低强度的器械练习，不但有助于女性塑造体型，还能有效预防高发于女性人群中的骨质疏松、贫血、失眠、早衰等多种健康问题，让青春“红颜”不老。

力量，生命的基石

生命的基石是力量？相信很多人都觉着奇怪，但事实的确是这样。力量练习在人的一生当中，有着非常重要的调节作用，对于女性来讲这个过程更多是通过肌肉和激素的变化体现出来的。

力量决定生老病死

《黄帝内经》在讲述生理周期的时候，对女性作了这样的叙述：

“女子七岁肾气盛，齿更发长；二七天癸至，任脉通，太冲脉盛，月事以时下，故有子；三七肾气平均，故真牙生而长极；四七筋骨坚，发长极，身体盛壮；五七阳明脉衰，面始焦，发始堕；六七三阳脉衰于上，面皆焦，发始白；七七任脉虚，太冲脉衰少，天癸竭，地道不通，故形坏而无子也。”

这段话可以说是女性一生的概括，由此也可以看出，“肾气”决定生死。说到这里，很多人会问，到底什么是肾气？中医里的肾气，指的是一种能力。而我的理解是，如果将肾气归纳成某种物质，就是体内的各种激素，包括男性荷尔蒙。

7 岁的时候，女孩体内的肾气开始上升，精力、体力、学习状态甚至抗争能力都比男孩要强，往往打架都是女孩赢。从 7 岁到28 岁的阶段，女性的肾气是一个上升的过程，在28 岁前后达到最优秀的状态。这一阶段，女性精力十足，不容易生病。所以医生都建议女性在 28 岁以前完成生育，这样孩子健康，也有利于母亲产后恢复。

14 岁时，“天癸至”，女性来月经了，这说明体内的雌激素开始分泌了，而雌激素对男性荷尔蒙是一个相对的抑制。此时，女孩开始收敛，知道害羞了，不像小时候那么能折腾了。这标志着女性进入了生育期，雌激素和男性荷尔蒙就会形成一种反差对比。

男性荷尔蒙是与生俱来的，而雌激素则是在特定的生命时期产生的，它的任务就是完成生育。所以，从 14 岁到 49 岁，雌激素从无到有，然后从高峰到低谷，最后完全消失。可以说，女性在 14 岁之前和 49 岁之后都相当于中性。

过了 28 岁，女性体内的雌激素水平就明显衰退，但男性荷尔蒙水平并不会因此而上升。女性在中年以后出现的肾虚、肾气不足，其原因就是男性荷尔蒙没有被唤起。此时的女性，必须通过外在的手段刺激男性荷尔蒙分泌，来保养肾气，保持生命的良好状态。所以，女性体内的男性荷尔蒙不像一般人想象的那样，是可有可无的，它决定着女性的生活精彩与否。而调动男性荷尔蒙最佳手段，就是适度的力量锻炼。

力量强弱决定后代优劣

我在给女性做健康讲座的时候，经常说一句大家都听过的话：孩子是娘身上的一块肉。很多人都理解为亲情，而我的理解是，这不光是亲情，孩子确实是娘身上的一块肉和一块骨头！女性在怀孕之后，不光摄入营养供给孩子，更多的是将骨骼、肌肉等物质“融化”供应给孩子。

有一个显而易见的现象是，母亲如果在怀孕前身体比较好，生出来的孩子就相对健康，也好养。就是说，要想孩子健康，首先母亲的身体要好，肌肉、骨骼等基本素质都要好。过去农村里说的小黄毛丫头，常常指那些母亲怀孕时身体不太好、而生下来又瘦又小又多病的孩子。孩子先天不足，生下来基本素质不够、生命力差，就可能因为健康问题，对其一生都产生不好的影响，比如患病率会增加，然后生活能力下降，其生育的后代也会不优秀。

所以说，母亲的“本”好，孩子就会好；母亲的“本”不好，孩子生下来就会弱。母亲的强和弱，会影响下一代。女性代代遗传的这个“本”，实际上就是生命形成所需要的那些物质，这其中就包括男性荷尔蒙。

“红颜薄命”源于力量的缺失

有个词大家都非常熟悉：红颜薄命。我的理解是，这个“红颜薄命”并不是说女性漂亮就会命薄福薄，而是指女性过于羸弱，肌肉力量缺失、脂肪偏少，从而导致的体重不足、早衰、患病、过早死亡等。很多女性年轻时又瘦又小，看上去小巧玲珑，很讨人喜欢。但是到了40岁左右，她们的容貌加速衰退，精力不足，身体上更是“百病丛生”。当她感觉到无力适应社会时，对生活的满意度就会下降，导致家庭不和谐，从而导致患病率、自杀率大幅度提高。

通常，农村女性和城市女性在中年以后区别非常明显：城市女性更细腻、更女性化，而农村女性则更泼辣，偏男性化。因为农村女性始终处在一种劳动状态，始终在“锻炼”肌肉。农村女性下地干活回来，还要做饭、洗衣服，做很多家务，这种能力男人也达不到。相反，在这样的生存压力下，农村女性活到六七十岁依然健康，更年期综合征、骨质疏松等城市女性常见的问题，在她们身上都没有踪影。

其实中年以后，女性在耐力方面的优势应该更明显，承受能力应该高于男性。就体育项目来说，有一项运动男女能平起平坐，那就是马拉松，这是一项比拼耐力的运动。马拉松比赛成绩男女差别不是很大，甚至女性比男性还好。

从以上的对比中可以看出，有效劳动和有效运动对女性生理和心理有非常重要的调节作用。从健康的角度讲，女性的肌肉力量越强，耐力素质越优秀，身体就越不容易出问题，对社会压力的承受力就越强。

女性肌肉的状态，从出生到死亡，不只是代表了有劲没劲，还是维持着女性特殊生理平衡的基础，而这个特殊的平衡是我们过去所不认识的。

所以，给各位女士提个醒，不要认为肌肉少就好。如果肌肉总量不够，中年以后身体出现健康问题的可能性就非常大。尤其是那些“爱美”的女士，当你通过频繁的无规律的节食来减肥时，会使肌肉含量和质量大幅下降，不但没有“美”起来，反而会让身体“千疮百孔”，到40岁以后，各种身心健康问题会让你疲于应付。

力量，阻断百病之源

在前面，我们讲了力量练习的基石作用，下面我们讨论另外一个问题：遏制体质衰退，阻断百病之源。

遏制体质衰退的重要手段

我常说体质衰退是百病之源，为什么呢？大家可以关注一个现象：从七八岁到30岁左右，人绝大部分时间都是健康的，尤其是十来岁二十几岁，越能折腾的身体越健康。可一旦过了30岁，很多毛病就来了。这恰好印证了《黄帝内经》上说的，男孩8岁、女孩7岁，肾气开始上升，男性32岁、女性28岁时，体质达到生理最高峰，在这个过程中体质水平都处于上升态势。但“物极必反”，当体质达到最高峰后，肯定要走下坡路，疾病和衰老就找上门了。如果在30岁以前就开始出现如三高症、脂肪肝、骨质疏松等健康问题，只能说明体质提前下降了。

另外，那些年轻时候参加各种体育运动、干重体力活等的人，健康出现问题的年龄一般都靠后。我曾经看到一位83岁的老人参加健美比赛，照片上他的身材非常棒，他说要练到100岁！与之相比，那些经常坐办公室、出入坐车、不经常进行体力劳动的人，身体出现问题的年龄往往会提前，而且症状严重，尤其是女性。前面提到的农村女性和城市女性的对比，就是很好的例子。这说明体质衰退是可以遏制的，而方法就是通过运动或者劳动这样的体力付出。

但是，随着社会发展，城市里劳动的机会越来越少，那么就只能通过运动这种方式来增加体力付出，尤其是通过力量锻炼来提高肌肉水平。

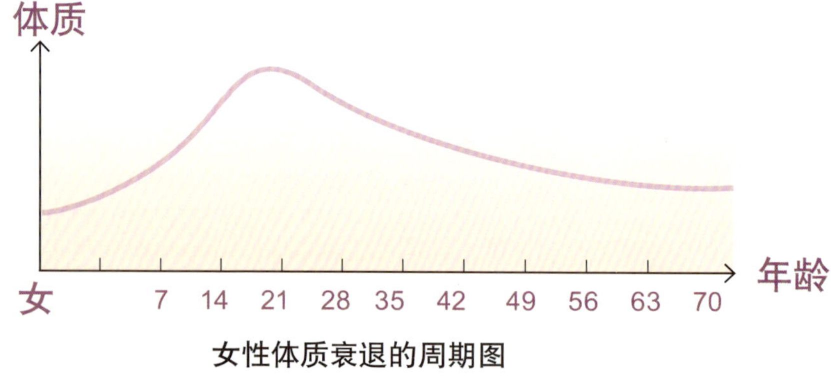

女性体质衰退的周期图

力量锻炼可弥补先天不足

在动物界里，选择强壮的异性繁衍后代是非常重要的规律，但人类改变了这种自然法则，强者和弱者都有繁育后代的平等权利。在这种情况下，如果母亲的“本”不好，遗传给后代的先天物质不够优秀，孩子的基本素质就差。这种情况能不能通过后天去改造呢？完全有可能！

我们国家的一些优秀运动员，像王军霞、邢慧娜、孙英杰、王丽萍等，她们讲自己的经历时，都说小时候身体是比较弱的，但是通过后天的刻苦训练，她们成了世界冠军，走进了运动的最高殿堂。因此，若女性先天之本不足，通过后天的努力，完全可以改造。

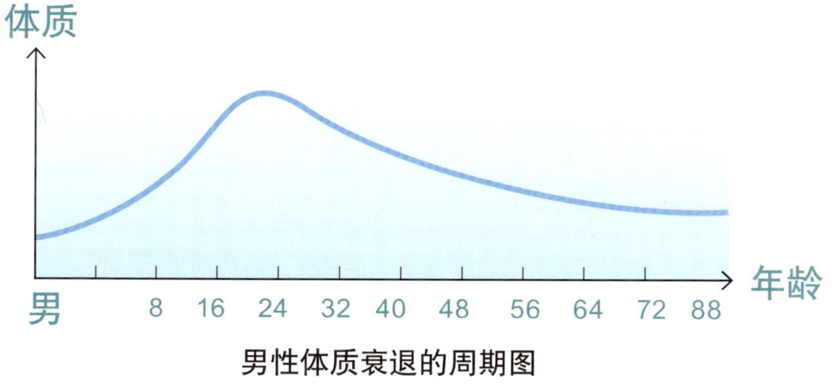

男性体质衰退的周期图

这个例子还蕴含着两个道理：生育是女性的天职，终有一天为人之母，要想后代优秀，一定要把“本”巩固好；要想自己身体健康，也要努力锻炼，提高健康水平。

通过力量练习率先启动男性荷尔蒙，当进入生育年龄、雌激素水平较高时，这两项指标都优秀，身体状态明显改善，母亲就会有很强的“本”了。就是说在做母亲之前，首先选择最佳的年龄段，让雌激素的作用发挥到最佳，其次要积极锻炼——进行肌肉锻炼——提高男性荷尔蒙的水平。这样孩子和母亲的健康都会得到很好的保证。

强健骨骼，预防骨质疏松

中医认为“肾主骨”，此处的“肾”并不是单指肾脏，而是某方面的整体功能的总称，是一个比较泛的概念，包括肾气。前面讲过肾气包括体内的各种激素，其中对骨头和肌肉影响比较大的就是男性荷尔蒙。

练习者可根据自身情况和不同的哑铃动作选择哑铃重量。女性哑铃重量基本在1~10磅之间，一般需要准备3~5副不同重量的哑铃。

女性有一个非常可怕的现象，就是40~50岁的骨折现象，此阶段骨折的发生率超高，为什么？雌激素在40~50岁时快速下降，而女性体内的男性荷尔蒙储备不够，仍处于很低的水平，必然导致骨骼应对能力的下降。

再拿农村女性举例，她们通过劳动使男性荷尔蒙始终保持较高水平，骨储备能力就高。她们的生育能力超强，生四五个孩子后身体仍然能保持很优秀的状态，到了六七十岁，还能干很多活。而城市里的女性只生一个，更年期现象特别明显，到了40岁还容易骨折。她们之间的差别就在于劳动，也就是有效的体力付出。

要提高女性的骨储备，防止雌激素陡然下降造成的骨量下降、骨质疏松、骨折以及各种骨骼关节疾病，就必须在出现这种情况前去劳动、去锻炼，提高体内的男性荷尔蒙的水平，储备足量的骨质。

缓解更年期症状的最佳方案

雌激素下降带来的激素紊乱导致女性出现更年期，不少女性使用雌激素替代疗法，通过外源性的补充手段提高体内雌激素水平。这种疗法目前争议非常大。人体的激素种类多且复杂，补充外源性的雌激素会打破体内应有的性腺轴，导致整个激素系统不平衡。而且雌激素在体内不能长时间维持高水平，否则会导致恶性肿瘤的高发，包括乳腺癌、子宫内膜癌、卵巢癌等。

雌激素在体内产生是一个正常现象，消失也是一个正常现象。如果用一些特殊的化学手段，使激素建立非自然的状态，后果往往非常可怕。临床上有很多使用激素的案例，病人在病情得到控制的同时，会变得极度肥胖、骨头架子变大、满月脸、水牛背，包括骨骼、肌肉、脏器都会变大。可见，激素通过外源性的手段被调动的时候，人体就会乱套。

我的建议是，女性在更年期的时候，不要极力去保持雌激素的水平，相反要接受一定的肌肉训练，唤醒体内的男性荷尔蒙，男性荷尔蒙通过自身锻炼调动起来一点点，就足以抵消雌激素下降所导致的这些更年期症状。

综合前面所说，提出以下3个观点：

1. 女性在年轻时（30岁之前），必须创造肌肉和骨量的高峰，否则应对生育、工作、生活以及各种压力的能力很弱，很容易“红颜薄命”。
2. 女性在怀孕之前，必须有足够的运动量，这相当于一种储备。而这种储备，男人基本是自己用，女人则是俩人用——不只是保护自己，还要保证后代优秀。
3. 中年以后，女性必须坚持锻炼，这实际上是自我保护的一种措施。

同时大家要明白，女性通过劳动、运动等手段去调动激素，尤其是调动男性荷尔蒙时，反而会让生命更加精彩。

力量，让女性魅力四射

在讲这个话题前，先谈谈时下很流行的肚皮舞。过去人们认为肚皮舞是很不雅的舞蹈，甚至是特殊职业女性的一种展示。但我看过一则挺有意思的资料，对肚皮舞的评价很高，认为跳肚皮舞可以有效调动体内的雌激素，让女性更美丽，更有魅力。

实际上，女性体内的激素——无论是雌性激素还是男性荷尔蒙，都会通过汗腺、味道以及异性间的接触发散出去，从而产生一种平衡刺激，使激素水平上升，吸引异性注意。俗话说“男女搭配，干活不累”，十位男性在那儿干活，累得要死，但是队伍里加入一位女性，就会顿时精神百倍，就是这个原因。所以，男性不光看女人的容貌，还会感受女性身上散发的味道。

跳肚皮舞就是这样一个过程，跳舞让女性看上去更有女人味，让男人看了很兴奋，而男性的欣赏，会反过来促进雌激素的分泌，让雌激素保持良好的水平。

动物也是这样，除了看，还有就是闻。所以动物会通过排泄的方式来留下特殊的痕迹，告诉异性自己处在发情状态，而这个时候异性就会跟上它。人也一样，到一定年纪，体内的激素水平就会上升，通过各种方式传递给异性。人们就会恋爱结婚，因为此时身体无论哪方面都是最优秀的。过了这个时期，各项指标开始下降，再去结婚生孩子就比较麻烦。这就说明，激素的调动是人应有的生理模式和过程，是一个很自然的过程。

展现女性特有的美感

如果大家注意观察会发现，凡是肚皮舞跳得好的女性，绝对不是那些没有脂肪、干瘪干瘪的人。肚子上没有一点脂肪或肌肉，抖得肯定不好看、没味道，很难引起男性注意。因为男性更多时候希望女性更结实健美一些，而不是一副弱不禁风、病恹恹的样子。这说明男性荷尔蒙对女性的作用是非常明显的，因为男性荷尔蒙分泌不足，女性所体现出来的味道、魅力不足，对异性的刺激就不够。

举个例子，在健身房锻炼的女性，往往会吸引很多男性的目光，因为此时她体内的男性荷尔蒙被充分调动，而且通过汗腺、体味等散发出来，让异性感受到。所以，男性荷尔蒙也会让女性展示出特有的美感，比如说运动之美、力量之美。

还有非常重要的一点，通过力量练习提升女性体内男性荷尔蒙水平，会让女性更加自信，更有活力。而自信、阳光的女性，无论什么时候，都是最具魅力的，而对异性的吸引力也是最大的！

延缓衰老

女性体内的男性荷尔蒙如果先天不足，或者后天调动不够充分，会使女性的一些特征发生明显变化，如生育能力下降、20 多岁以后衰老速度加快等。

雌激素使女性的特征更明显，比如说“恋爱中的女孩最漂亮”，此时她的皮肤状态明显改善。但雌激素水平在短时间内上升得越快，衰退得也越快，而女性的衰老过程就证实了这一点。如果能通过力量练习调动体内的男性荷尔蒙，就能弥补由于雌激素下降所带来的各种问题，有效缓解更年期的各种症状。

力量，打造成功女性

说到“打造成功女性”这个概念，让我想起一本书，叫《战争与男性荷尔蒙》。这本书认为，战争会让所有人的男性荷尔蒙都调动起来，让整个民族兴奋，所以男性自然加入打仗的行列。书的两位作者在研究男性荷尔蒙的时候，发现一个现象：女性体内男性荷尔蒙高的人，往往都是成功者。也就是说，现今大家看到的女领导、女企业家、女政客，甚至在家里头占据主导地位的“悍妇”，她们体内的男性荷尔蒙水平都是比较高的。

开拓事业空间，必须坚强“有力”

俗话说“男主外，女主内”。在过去，男人要去打仗、狩猎、保护家人，而女性主要负责生育和生计。而在现代社会中，优秀的男性多以事业为主，而女性不光要有事业，还要照料好家庭，应付各种社会事物，抵抗疾病等。女性的社会角色更为多面，比如在男人面前她是妻子，就要温柔；在孩子面前她是母亲，必须向孩子显示应有的关爱。

在这样的情况下，女性要想在社会上生存，并且活得好、家庭幸福、事业成功，身体素质一定要好，必须有足够的应对能力，而这个应对能力就来源于男性荷尔蒙。在劳动妇女中，有些人被称作“悍妇”，这个“悍”一定要加个引号，含有另外的意思。这些在社会中保留了生存空间的女性，体内的男性荷尔蒙水平一定高，她们才能去打拼，否则根本没有能力去控制和领导男性。那些在年轻时娇小柔弱的女性，往往在事业上成绩平平，反而是那些一天到晚像男孩一样的女性，很可能成就一番事业。

有力量才能保护家人和自己

女性的社会角色是随着时间推移不断转换的。比如，做母亲之前，女性似乎总是柔弱的，一旦做了母亲，为了呵护照顾下一代，女性可以做出任何牺牲，甚至愿意为孩子放弃生命。为什么会这样呢？其实她们体内的这股"狠劲"，并不是凭空想象出来的，一定有某种物质支撑。这种物质归根结底，还是男性荷尔蒙。

还有一句关于女性的俗话，叫"头发长见识短"。并不是说头发长见识一定短，而是说女性对自己圈内的事情看得很重，很会管理，而对圈外事情的关注程度要明显低于男性。这句话从某种程度上反映出男性在社会上的主导地位。举个例子，就像阮玲玉那样，受到铺天盖地的口诛笔伐，口诛的是男性，笔伐的也是男性，而正是男性这种基于某种本质上的攻击，往往让女性接受不了，精神崩溃。全世界很多知名女性，包括很多政客，攻击她们的基本上都是男性。假如遇到这样一种极端的情况，要想在社会上生存，女性就必须有足够的应对能力，而这个能力就来源于男性荷尔蒙。

所以，女性要想成功，必须要有足够高的男性荷尔蒙水平，才能应对纷繁的社会，应对各种挑战，才能领导别人，保护好家人和自己。

力量锻炼首选哑铃

曾在互联网上看到这样一条“丑闻”：欧洲的一些女议员，在打男性荷尔蒙的针。这是什么意思呢？如果运动员注射男性荷尔蒙，那就是使用兴奋剂，是被禁止的。其实，那些女议员非常明白，要想在激烈的竞争中成功，必须要维持较高水平的男性荷尔蒙，否则只有被淘汰。

外源性激素危害大

女性通过外源性激素来补充男性荷尔蒙时，会带来很多的副作用，对身体非常有害。

喉结变大，体毛明显增多，尤其是腿部。女性的腿部一般是没有毛的或者毛发很少，而服用了男性荷尔蒙的女性，她们有一个最大的痛苦，就是要刮体毛。
肌肉变大，声音沙哑，近似于男性。
身体长疱，不光脸上长，全身都会长，食肉量大增。

很多所谓的“悍妇”，都有一个共同的特点，就是吃饭时无肉不欢。由于肉类中的激素含量较高，女性大量甚至过度食肉，也会提升体内的男性荷尔蒙水平。举个例子，食草动物的脸基本都是长的，食肉动物猫、虎、豹、狮子等的脸基本是圆的。所以，“悍妇”最大的一个特征，就是脸很大，有很多所谓的横肉。

以上这些例子告诉我们，女性通过服用男性荷尔蒙或特殊的饮食来改变激素水平，结果往往是非常可怕的，对身体的伤害也是巨大的。女性体内男性荷尔蒙的调动和唤起，最有效、最安全的手段就是进行力量锻炼，接受一定的肌肉训练，提升自身激素水平，这样才能获得健康，让女性更优秀。

小重量练习对女性最有益

我在讲课的时候，经常提到男性有4块肌肉非常重要：

1	胸大肌	发达的胸大肌能让男性体内的男性荷尔蒙保持较高水平，所以胸大肌是男性的标志。
2	手臂肌肉	男人的胳膊一定要粗，手臂要坚实有力，这样才能干活，甚至是扛枪打仗。
3	腹肌	腹肌力量好，抗击打能力、应变能力好，工作、生活状态才会优秀。
4	大腿肌肉	这是全身代谢水平的一个体现，男性大腿太细，那么糖尿病、高脂血等代谢性疾病就会高发。

男性练好这四大块肌肉就行了，但女性却不一样，她们的肌肉、骨头不光自己用，还要孕育、支撑新的生命。我建议女性要锻炼全身的每一块肌肉、每一块骨头。不是把肌肉练得像男性那样硕大无比，而是提高每块肌肉的质量，这不是通过大重量的锻炼来获得的，完全取决于小力量训练。

其实女性进行大肌肉训练比较容易，而往往忽略小肌肉、小肌肉群的训练。这样做的后果就是，身体素质一旦开始下降，关节、韧带以及小肌肉群的质量会急剧下降，而小肌肉群质量的快速下降，会导致女性健康上出现很多问题。因此，女性的小肌肉群力量锻炼是非常重要的。

哑铃让每块肌肉都健康

如果一位女性要问我练什么对身体好，我会推荐她跳有氧操，同时进行小重量的哑铃训练。

小重量的哑铃训练，不会造就硕大的肌肉块，反而有利于提升女性的耐力素质。因为男性追求的是有劲、有力量，而女性需求更多的则是耐力。

进行小重量哑铃训练，不但能让大肌肉群得到锻炼，更重要的意义在于全面锻炼小肌肉群，训练肢体的协调性，提高关节的活动能力。在锻炼过程中，可以调动更多肌肉参与进来，而在完成多次练习后，耐力水平就会得到有效提高。这对女性非常关键，因为肌肉、骨骼、韧带质量的提高是具有“储存性”的。

所以，哑铃对于女性健康来说是不可多得的，或者说是用任何健身器材、健身手段都无法代替的。

Zhao Zhi Xin

Nv Xing Jian Kang

Yong Ya Ling

从零开始学哑铃

对于很多女性来说，哑铃是非常陌生的器械，而且不少人对哑铃锻炼非常抵触，基本不会主动去使用哑铃，更谈不上正确使用了。因此，在进行哑铃锻炼之前，有必要了解一些哑铃的基本使用方法，以及在锻炼前要做什么样的准备工作。因为健身的前提是要安全，只有安全健身，才能达到健康的目的。

正确使用效果好

要想用好一个工具，首先要知道如何正确使用这个工具，否则不但不能达到目的，甚至还可能发生危险。对于女性来说，虽然锻炼时不需要用到很大的重量，但基本的哑铃使用方法还是需要掌握的。其中，掌握握法和握姿是使用哑铃的基本要求。

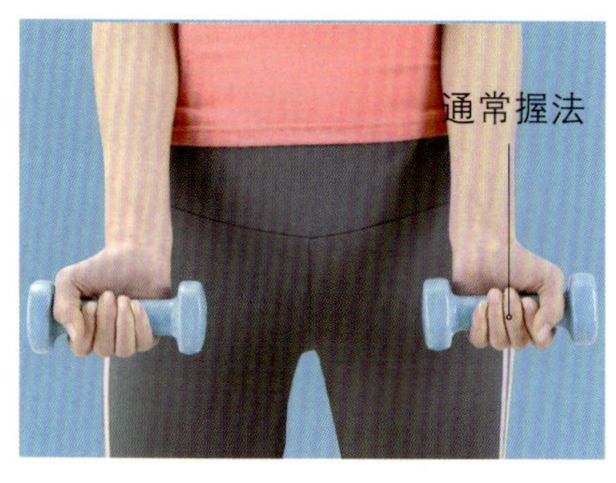

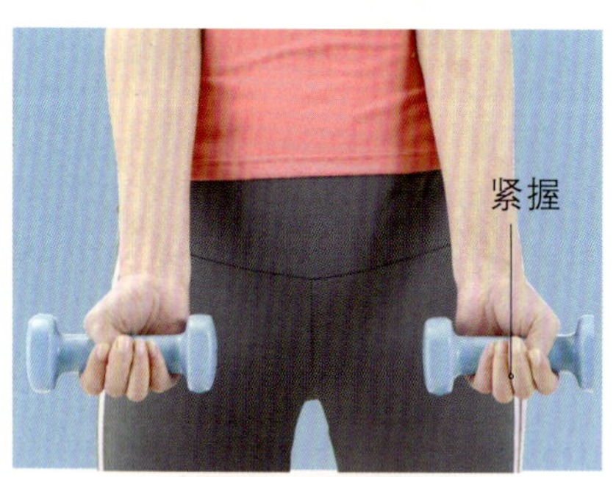

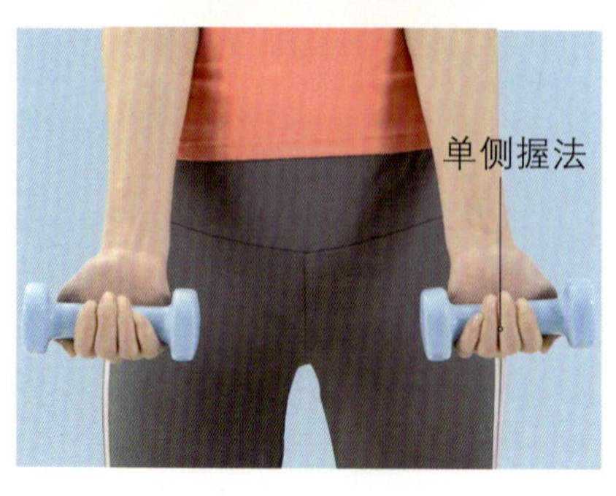

哑铃的握法

简单地说，握法就是指用手拿起哑铃、进行锻炼的方法。调整握法的目的是为了安全、有效、舒适地完成动作，从而达到锻炼目的。

通常握法

这是哑铃锻炼中最基本、最常用的方法。这种方法跟我们平常拿棍子一样，哑铃杆通过手心，拇指与其余四指分别位于杆的两侧，拇指放在其余四指的上面，五指同时用力握紧哑铃。在练习过程中，可以调整手指的位置，使动作更流畅、更有效地完成。

紧握

这种方法一般适用比较重的哑铃，可以保证哑铃不掉下来。手指的摆放与通常握法一样，只是把大拇指放在其余四指的下面。这种方式跟生活中的习惯差别很大，而且手没有太多的活动余地，很多人会不适应，因此使用的几率不多。

单侧握法

还有一种握法，是五个手指都在哑铃的一侧来握住哑铃，这种方法哑铃容易滑动，不推荐女性使用。

哑铃的握姿

下面我们来了解另一个概念——握姿，即手握住哑铃后的姿态。一般以站立、双手下垂为基本姿势，其他身体姿态以此为参考。握姿主要有三种：手心向前、手心向后和手心相对。

手心向前就是站立、双手下垂时，握住哑铃后掌心是向身体的前方；而双手举起来后则改成向后，称为“正握”。手心向后则与之相反，称为“反握”。手心相对就是两个手心是相对着的。

由于哑铃是“全自由”器械，手的姿态——握姿非常丰富，也更难掌握，因此保持正确的握姿是完成动作的关键。另外，不同的握姿可以达到不同的锻炼目的，在做动作的过程中可有意识地改变手的姿态，既锻炼不同的肌纤维，又能加深动作对整块肌肉的刺激作用，放大锻炼效果。

很多女性在不了解力量锻炼的益处前，心态都是比较抵触的，对哑铃既不了解，也感到陌生，所以开始练习 时要先适应一下。健身的目的是为了健康，安全要放在第一位，在做动作的时候，首先要把哑铃握紧，然后再考虑动作的舒展。

五指同时紧握哑铃是最适合女性的一种握法，既能保证哑铃不滑落，又不会影响双手的自由活动。

做好热身不受伤

充分、有效的热身活动是哑铃练习的重要组成部分，热身活动在气温比较低的环境中显得尤为重要，例如寒冷的冬季。

首先，热身活动能够防止运动损伤。不运动的时候，人体的肌纤维是“粘在一起”的，阻力很大，此时进行力量锻炼，不但力量“小”，而且很容易拉伤。通过适当的活动，能改善肌纤维的状态，使之顺畅地活动起来。

其次，热身活动能提高锻炼的效果。我们的内脏不像四肢那样能快速进入运动状态，需要一个慢慢调动的过程。热身就是通过低强度的运动，让内脏尤其是心脏逐渐进入运动状态，为肌肉运动提供保障。

第三，热身之后，肌肉、韧带经过充分预热，能拉开的幅度增加，完成动作的幅度也会加大，锻炼的效果自然更好。

15分钟走跑运动

从走开始，慢慢过渡到慢跑。如果是刚开始锻炼或者体质较差者，可以从慢走过渡到快走。在 2 分钟内慢慢增加速度，2 分钟后保持稳定的速度。最后3分钟慢慢把速度降下来，并以走步结束。

进行走跑的目的就是把全身的机能都调动起来。在此过程中可以测一下心率，每分钟数量应该达到“140 －年龄”左右的水平，或者比安静时的心率快30~50次 / 分钟。

拉伸运动

拉伸运动一般进行10~15分钟。腿部、腰部是每次锻炼都要拉伸的部位，另外，将要锻炼的部位进行拉伸也非常重要，这直接关系到锻炼的效果。

在练习前，除了进行全面的拉伸，还可以根据练习的部位和目的，进行局部的重点拉伸。在练习的过程中，每完成一组动作，也要及时对所锻炼的肌肉或相对的肌肉进行拉伸，促进疲劳的恢复，同时防止肌肉发僵发硬。

正压腿

站立，双脚并拢，身体挺直。右脚向前一步，脚尖尽量勾起来，膝盖伸直，双手扶在右脚的膝盖上。抬头挺胸，上身挺直，向前、向下压，此时左腿弯曲，下压的时候手臂可以弯曲。坚持10~30秒，左右腿各进行2~3次。

拉伸大腿后部和腰部的肌肉和韧带。

侧压腿

站立，双脚并拢，身体挺直。右腿向身体右侧跨一大步，脚尖向外。左腿弯曲，身体向下蹲，双手放在胸前，身体可以向前折叠。身体重心放在左腿上，右脚尖向上勾，膝盖伸直，左脚后跟可以抬起，坚持10~30秒后换腿练习，左右各进行2~3次。

拉伸大腿内侧的肌肉和韧带。

交叉压腿

右脚在前，左脚在后，双脚尽量交叉，保持膝盖伸直。上身慢慢向下压，尽量保持腰和膝盖挺直，双手尽量接触地面，上身贴向大腿。坚持10~30秒后换腿练习。

拉伸大腿外侧肌肉。

拉伸腰部

站立，身体挺直，双脚分开比肩宽，脚尖向前。双手交叉握紧、在胸前平举，肘关节尽量靠拢；然后双手慢慢向上抬，双臂夹紧耳朵，使身体看起来像一座塔。用手带动身体慢慢向左侧倾斜，保持10~20秒后缓慢还原到直立。接着向右侧倾斜，保持10~20秒。再向前倾，抬头向上看，腰略微向后倒，保持10~20秒。最后腰部向左、向右各环绕3~5圈。

有效拉伸腰部，连续做1~2遍。

压小腿

站立，身体挺直。左脚向前一大步，屈膝，双手交叉放在左膝上，身体慢慢下蹲，右腿保持伸直，并且保持脚跟着地。身体重心在两腿之间，双脚尖尽量向前。坚持10~30秒后换腿练习，左右各做2~3次。

肩部的拉伸

站立，身体挺直，双脚分开与胯同宽。双臂抬起到胸前，手掌相对，手指弯曲并互相拉住。左手尽量向左侧拉直右手，使右肩拉开，坚持10秒左右。换一侧再坚持10秒。拉伸时不要耸肩，左右各做2~3遍后，保持双手扣紧，从左向右，经头后绕3~5圈，再反方向绕3~5圈。

适应性运动

主要是针对接下来要锻炼的肌肉群，徒手模拟锻炼的动作，进行20~30次的练习，让局部的肌肉充分进入运动状态。

比如，在做哑铃卧推这个动作之前，先模拟卧推的动作要领，徒手推1~2次。这样做的目的是让肌肉提前进入运动状态，更好地适应动作，从而避免受伤。

10分钟整理运动，体态更优美

完成一次训练，身体很疲劳了，肌肉也发胀发僵，这时就需要通过整理运动，为训练划上一个完整的句号。有不少人锻炼后不进行整理运动，大汗淋漓就去洗澡或者对着空调口吹，这使得全身本来张开的毛孔突然收缩，汗液被“逼”回体内，汗中所带的有害物质无法排出体外，只能靠肾脏来排毒，无形中增加了肾脏和心脏的负担，久而久之就会影响到健康。

缓解疲劳，促进身体恢复

在运动中，大部分血液被分配到肌肉上，身体还动用了平常储存在内脏中的血液。这些血液通过心脏重新分配或回归原位，需要一定时间。同时，为了减轻心脏的负担，也需要通过肌肉收缩来挤压血管，把血液挤回心脏。

另外，肌肉在运动过程中和运动后的一段时间内，都会产生大量的诸如乳酸之类的代谢废物，这些废物也需要通过血液循环被运走，让肌肉能在一个“清洁”的环境中工作。通过整理运动，能让肌肉得到新鲜的、富有营养的血液，加快消除疲劳感。

打造流畅的身体线条

在力量练习后进行有效的肌肉拉伸，能避免由于力量锻炼所导致的肌肉僵硬以及变粗，对女性锻炼者来说，这尤为重要。很多人进行力量锻炼后都有这样的感觉：所锻炼的部位胀胀的、紧紧的。这是由于大量的血液流入局部，并“留”在那里。肌肉在锻炼中不断收缩，也会导致肌肉增粗。而拉伸运动中“拉”的过程其实就是对血管进行挤压，将留在那里的血液“挤走”。这样既可以将“旧”血送走，也为新鲜血液“腾出位置”，加速血液循环，从而加快局部的恢复。

哑铃练习结束后，做几次简单的哑铃推举，也能达到拉伸整理的作用，可以让身体慢慢凉下来，减缓毛孔关闭速度，使更多的毒素通过汗液排出体外。

在力量练习中，肌肉是“横向生长”的，而拉伸则可以避免这种情况。大部分女性对于健美运动员过于健硕的身材都是非常抵触的，这也是女性不愿意练力量的重要原因。而锻炼后的拉伸练习则可以避免壮硕肌肉块的出现，打造流线型肌肉，使得身形更为优美。因为肌肉块的出现和肌肉弹性下降有密切关系，力量锻炼是肌肉的“主动活动”，而拉伸则是肌肉的“被动活动”，两者结合就能很好保持肌肉的弹性。

所以，在每次锻炼的结尾，先进行5分钟从慢跑过渡到慢走的练习，然后再进行拉伸韧带等柔软性锻炼。一般整理活动需要进行10~15分钟，运动强度要逐渐降低。

从头到脚的练习方案

以下是女性常用的哑铃锻炼动作，针对身体的不同部位进行锻炼，大家可交替练习，多方面的提高身体素质。在一次锻炼课内基本不可能把所有动作都做完，所以给各位女性的建议是：每次锻炼4~5个部位，再结合1~2个组合训练（锻炼身体两个或者两个以上的身体部位，参与的肌肉更多）。力量锻炼贵在长期坚持，而不在于一次完成了多少。

这里提供的锻炼方法都比较简单，在家里、在办公室都能完成。当然，如果能到专业的健身房，在教练的辅导下练习，效果会更好。另外，哑铃也可以用矿泉水瓶等其他物品来替代，在做之前把重量调整合适即可。

女性的哑铃锻炼，根据身体的不同部位有不同的锻炼动作，而且每个部位都有几个不同动作，在锻炼的时候可以交替组合练习，达到从头到脚都健康的目的。

全身练习：大树参天

利用身体以及哑铃的重量，对骨骼、脊柱产生静力压迫，可以提高骨密度，促进骨骼的造血机能，对全身的骨骼、肌肉及韧带都有锻炼作用，尤其可促进脊柱的拉伸，还能助于促进青少年的身体增长。

哑铃重量：双手各持1~3磅的哑铃

练习方法

1 站立，双脚并拢或略微分开，脚尖向正前方；双手持哑铃，自然垂于体侧，眼睛平视前方。①

①

②

2 双手慢慢从体侧向上举起，直到高举过头，尽量向上伸直；同时脚后跟慢慢抬起；头略微向上，引导整个脊柱向上用力拉开。感觉全身的肌肉都在向上用力，把身体向上“拔”起来。在最高位置坚持3~5分钟。②

注意事项

尽量向上拔起到用大拇趾点地的幅度；在最高点站不稳是正常现象，可以轻轻移动维持平衡。

练习量

每天做2~4次，也可以早晚各1次，每次坚持3~5分钟。

脊柱：跪姿推举

脊柱就是人体的“栋梁”，这根柱子在我们每天起床后就一直立着，从早到晚，可以说是身体中最累的一部分。脊柱的下部——腰，是上班族出现问题最多的地方，尤其女性在怀孕以后，腰部承受的重量会成倍增加，是非常大的考验。而女性在30岁以后出现腰肌劳损、腰椎间盘突出等健康问题，要比男性几率高很多。通过腰部的力量锻炼，提高这些地方的肌肉质量，能提高腰部的承受能力，预防和缓解这些问题。

在跪姿推举的过程中，能明显感觉到对整个脊柱的压迫，通过这种压迫刺激，让脊柱产生适应性的增长，提高脊柱的骨骼密度，预防骨质疏松，对健康有非常重要的意义。另外对颈肩部也是非常好的锻炼，可预防这些部位的不适。

注意事项

在向上推举的过程中，要尽量打开双肩；向下放时，要先恢复双手齐肩托举姿势，保持肩部肌肉紧张用力；手臂伸直后，哑铃之间的连线要在耳后。

练习量

每组50~100次，做1~2组。

哑铃重量：3~5磅

练习方法

在动作过程中，身体要始终保持垂直，尤其是髋部要向前送，不能向后坐。

1 事先准备一个垫子，以防膝盖磨伤。双膝跪在垫子上，略微分开，膝盖以上部位保持直立，挺胸收腹；双手持哑铃，垂在体侧。①

2 屈肘，双手齐肩，手臂放在身体的两侧，稍微向后靠，使肩尽量打开，掌心向前。②

3 用力把哑铃向上举起，直到手臂伸直，再慢慢把哑铃放回到肩膀。重复练习。③

肩部：站姿（坐姿）推肩

锻炼肩部的常用动作，对整个肩部都有很好的锻炼效果，可以塑造圆滑的双肩，防止削肩，消除手臂后面的“蝴蝶袖”。躯干肌肉也能得到很好的锻炼。

哑铃重量：5~8磅

练习方法

1 站立，双脚并拢或者分开与肩同宽，双手持哑铃垂在体侧。①

2 把哑铃托举到肩部，肘关节向下，手臂在体侧展开，掌心向前，使哑铃正好位于身体两侧。②

3 肩部用力，肘部在身体划一个弧形，将哑铃举起，手臂伸直时稍停留。然后慢慢恢复托举姿势，不要一下放到底，保持肩部肌肉紧张用力。③

注意事项

保持身体稳定，不能歪、扭，否则很容易受伤；保持匀速，尤其放下来时，一定要控制好速度；举哑铃时感觉肩部用力收紧，手臂伸直时要体会手臂后面用力的感觉；保持哑铃的直上直下，不要前后晃动。

练习量

每组30~50次，每次2~3组。

胸部：仰卧飞鸟

仰卧飞鸟是锻炼胸大肌的经典动作，是哑铃推举的有效补充锻炼。对于女性来说，哑铃的重量更好掌握，更容易进行和坚持。反复的夹胸动作可以有效提高胸肌的厚度，尤其是靠近胸骨一侧的肌肉，塑造良好的体型，打造明显的“乳沟”。对女性的乳房健康问题同样有非常好的预防作用。

哑铃重量：5~8磅

练习方法

1 身体平卧凳子或健身球上，双脚平放在地上，腰部和头部紧贴凳面；双手持哑铃，掌心相对，开始时伸直肘关节，把哑铃举在身前。①

2 略微屈肘，以肘尖作为先导，双手向外、向下打开，把哑铃慢慢放下，感觉双手中间好像抱着一个气球，“手被气球慢慢撑开”，直到最低点。②

3 胸部肌肉用力，使双手呈弧形回到起始状态，就像“把气球挤瘪”。重复练习，一上一下为一次。③

保持自然的呼吸，或放下时吸气，收回时呼气，呼吸的节奏要配合动作的节奏。

注意事项

注意胸部用力的感觉，双手是“划弧形”完成动作的；动作过程的屈肘和伸直是随着动作的进行来完成的，并不是单独的过程。

练习量

每组30~40次，练习2~4组。

背部：俯身划船

这是锻炼后背非常好的动作，可以有效锻炼背阔肌、斜方肌等对体型有重要影响的肌肉，使女性的后背更具有线条美。

由于工作原因，很多白领都受到后背疼痛、酸麻等症状的困扰，到医院检查也找不出病因，严重影响情绪和心态。另外，大部分女性在绝经之后，都会出现骨质疏松症状，此时极易导致脊柱的压缩性骨折。而通过后背部的力量锻炼，能有效防止以上症状，缓解后背的各种不适。

哑铃重量：5~8磅

练习方法

后背发力。

1 双脚分开与肩同宽，脚尖向前，膝盖略微弯曲，上身前倾，接近与地面平行，头略微上抬；双手持哑铃，垂在体前，肘关节向后，掌心相对。①

①

2 后背肌肉用力，上臂紧贴身体，向上拉起哑铃，拉到肘尖超过后背，肘关节随上臂而弯曲，保持前臂下垂。在最高点稍停留后还原，回复到起始位置时手略微向前。重复练习。②

②

注意事项

注意保持身体前倾的幅度，哑铃尽量紧贴身体，拉起后应位于腹部附近；动作过程始终要保持后背用力，尤其是还原的过程。

练习量

每组30~50次，做2~3组。

腰部、臀部：俯身起

这是针对腰部、臀部肌肉、骨骼以及大腿韧带的综合性练习，能有效提高腰部的肌肉质量，对腰部的各种不适症状有非常好的预防康复作用，有效预防由于骨质疏松而导致的腰椎压缩性骨折。同时能收紧臀部肌肉，改善体型。

哑铃重量：5~8磅

练习方法

1 站立，双脚分开与胯同宽，脚尖向前。双手持哑铃，自然垂于体侧。①

2 挺胸塌腰，上身以胯为轴慢慢向前倾，手臂伸直，沿身体（大腿）前面放下，尽量靠近身体，肩可略微向前放松，直到上身与地面平行。②③

①

②

③

动作过程中，膝盖始终要保持伸直状态。

注意事项

在前倾时保持手臂放松，肩部略微用力，使哑铃尽量靠近身体；保持挺胸、塌腰、抬头，上身挺直；要用腰部及臀部的力量完成动作。

练习量

每组30~50次，做2~3组。

大腿：侧步起

这个动作能有效改善下肢功能，锻炼胯部前面以及侧面的肌肉，由于是双腿交替运动，能提高身体的协调性以及神经系统的功能。

这也是平时很少做到的动作，即使在健身房中练习的人也不多。但这个动作对大腿，尤其是大腿内侧减脂有非常好的效果。大腿内侧是平常较少使用的部位，也是肥肉最容易堆积的地方，通过锻炼能改善这种情况。

哑铃重量：5~8磅

练习方法

1 身体挑直站立，双脚并拢，双手持哑铃，自然垂于体侧。①

2 右手移到身前，左手移到身后，向右伸出右脚，身体慢慢下蹲，到左大腿接近与地面平行，稍停留。收回右脚，起身站立。重复练习，完成一组后换腿进行。②

注意事项

下蹲幅度可以根据自身情况来掌握，最大可到大小腿即将贴在一起。下蹲时身体可以略微前倾，以维持平衡；保持挺胸塌腰；而且不能下蹲过低，否则将会减弱锻炼效果。

练习量

每组30次，左右各做1~2组。

膝盖：慢蹲起

膝盖是人体中最复杂、最大的关节，也是使用最多的关节之一，所以必须学会“养护”它。膝盖的动作要慢，有时甚至是静止的，这样才能锻炼膝盖周围的韧带、肌腱等，同时促进关节液分泌，营养关节。另外，通过锻炼股四头肌，能够给关节提供足够的保护，而慢蹲起就是一个很好的锻炼股四头肌的动作。慢蹲动作用力缓慢，对关节磨损最小，对膝盖周围的肌肉、韧带却有保护作用。对上楼下楼膝盖疼、膝盖无力、髌骨劳损、髌骨软化、关节积液等膝关节健康问题，有很好的预防和康复作用。

哑铃重量：8~15磅

练习方法

1 站立，双脚分开与肩同宽，脚尖向前，双手持哑铃垂于体侧。①

2 屈膝屈髋，慢慢下蹲到大腿与地面平行，保持双手自然下垂，当哑铃重量较大时，可用双手慢慢将哑铃放在肩上，稍停留后原路返回。分别用 5~8 秒完成下蹲和起立还原。②

注意事项

动作过程一定要慢；下蹲过程中保持抬头挺胸、身体直立；下蹲的幅度可以高些也可以低些，一般到大腿与地面平行的位置；下蹲时尽量保持膝盖不超过脚尖，臀部可以向后翘，以维持平衡；膝盖不能内扣，保持与脚尖同方向。

练习量

每组10~15次，做1~2组。

小腿：提踵练习

这是小腿锻炼的常用动作，也是变化幅度最小的动作，但对小腿以及整个足部的锻炼非常全面，可以促进骨骼的造血机能，增加骨密度。锻炼需要持续多次重复，而且每组动作过后，一定要进行拉伸，避免肌肉发僵变粗。

此动作还是一个很好的“举重”锻炼，能有效锻炼到身体大部分的骨骼，预防骨质疏松以及贫血。对小腿，包括整个下肢都有很好的塑型作用，收紧下肢的肌肉。

哑铃重量：徒手或1~3磅的哑铃

练习方法

1 站于5厘米高的台阶或平地上，双脚稍微分开，脚尖向前。身体直立，抬头挺胸，双手持哑铃垂在体侧。①

2 小腿后部用力，抬起脚跟，直到脚面绷直，往上拔腰，向上收紧大腿后面及臀部肌肉，并收紧腹背肌肉。然后慢慢放下，但脚跟不着地，直到做完一组。②

注意事项

保持身体平衡，不能晃动；尽量做到脚面绷直。

练习量

每组50~100次，做1~2组。

肩臂：肩上弯举

日常生活中我们经常使用手臂，但这种使用并不会明显改善肌肉质量，仍然需要针对性锻炼。由于女性哑铃比较轻，因此加大锻炼难度，可以收紧手臂、肩部的肌肉，塑造局部体型，还能有效缓解经常伏案工作所导致的各种肩部不适。

哑铃重量：1~3磅

练习方法

1 坐在凳子上或身体挑直站立，双手持哑铃，自然垂于体侧。

注意事项

身体挑直，不要晃动；动作过程不要过快。

练习量

每组30~50次，做1~3组。

肩部始终在保持用力的状态。

2 手臂平举到与肩同高，肘关节伸直，掌心向上。①

3 上臂用力，慢慢屈肘向上举起哑铃，直到小臂垂直地面，稍停留后原路返回。重复练习。②

上臂：身后臂屈伸

这个动作的难度比较大，在健身中做的人比较少，但是对上臂，尤其是上臂后面肌肉的针对性刺激非常大，能很好地收紧上臂肌肉，去除令女性烦恼的“蝴蝶袖”。同时还能很好地锻炼肩后部及颈部肌肉，塑造局部体型。

哑铃重量：1~3磅

练习方法

1 站立，眼睛平视前方，双脚略微分开，脚尖向前；双手持哑铃，掌心向前，手臂伸直并尽量向后抬起。①

2 在上臂后面肌肉的力量控制下，放下前臂到与地面垂直。②

3 上臂用力再把前臂向后、向上抬起到肘关节伸直；重复进行，动作速度要舒缓。③

注意事项

保持身体及上臂的姿势，不要前后晃动，举起、放下哑铃都要用力来控制。

练习量

每组30次，做2~3组。

前臂正面：平举勾手腕

这个动作主要能收紧并拉伸前臂正面的肌肉，使前臂的线条更加好看，能提高前臂的肌肉、韧带、骨骼的质量。对肩部而言，也是非常好的静力锻炼，有利于塑造肩部的外形。

哑铃重量：1~3磅

练习方法

1 站立，眼睛平视前方，双脚略分开，脚尖向前；双手持哑铃，向前抬起与肩同高，肘关节伸直，掌心向上。①

2 前臂用力，手腕勾起，把哑铃尽量举起来，稍停留后还原到掌心向上或向前的位置。重复练习。②

注意事项

动作过程中始终保持抬头挺胸；手臂一定要伸直，肘关节不能弯曲，保持与肩同高；手腕的上、下动作都要做到最大幅度。

练习量

每组50~60次，做1~2组。

前臂背面：平举翘手腕

这是锻炼前臂背面肌肉的动作，一般与“平举勾手腕”同时进行，以达到全面锻炼前臂的效果。前臂背面的肌肉在日常生活中锻炼的机会也很少，这个动作能促进前臂的均衡发展，收紧肌肉，对前臂进行塑型。对肩膀以及整个手臂也有很好的辅助锻炼价值。

哑铃重量：1~3磅

练习方法

1 站立，眼睛平视前方，双脚略分开，脚尖向前；双手持哑铃，向前抬起与肩同高，肘关节伸直，掌心向下。①

2 手腕下垂，掌心向后。②

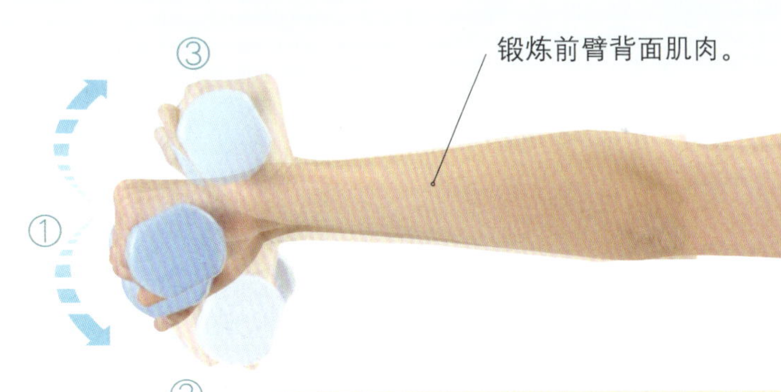

3 前臂背面的肌肉用力，使手腕向上翘，尽量往高翘，稍停留后还原到掌心向后的位置。重复练习。③

注意事项

动作过程中始终保持抬头挺胸；手臂一定要伸直，肘关节不能弯曲，保持与肩同高；手腕的上、下动作都要做到最大幅度。这个动作只是动手腕，手臂始终不动。

练习量

每组50~60次，做1~2组。

组合练习1：胸肩合练

现代女性的乳腺健康正受到越来越多的威胁，而通过胸部锻炼可以有效改善局部血液循环，预防多种健康问题。这个动作对防止乳腺疾病、改善肩部不适等有很好的效果，还可以提高胸部、肩部肌肉的质量，起到改善形体的作用。

哑铃重量：5~8磅

练习方法

1 站立，双脚可略微分开，脚尖向前；双手持哑铃，手抬起约30°。①

2 双手向中间夹、前臂在身前交叉，掌心向下，此时感觉上臂从外下方把乳房向中间、向上托起来，稍停留。②

3 双手分开，经体侧从下向上高举过头，掌心逐渐变为向前，肘关节可略微弯曲，稍停留后向前夹胸。重复练习。③

注意事项

做这个动作时要侧重在夹胸以及上举后对胸部牵拉的练习，这样对胸部的锻炼价值更好。要保持身体挑直，抬头挺胸；双手夹胸的时候要感觉胸部的肌肉用力收紧，并向中间“挤”；向上举的时候肩部用力，要把胸前的肌肉充分拉伸。

练习量

每组40~50次，每天做2~3组。

组合练习2：肩腿合练

这是非常好的组合锻炼，能有效提高全身肌肉、骨骼质量，缓解经常困扰女性的骨质疏松、贫血等健康问题，塑型作用也非常明显。

哑铃重量：1~3磅

练习方法

①

1 站立，双脚分开约一脚掌宽，脚尖向前；双手持哑铃垂于体侧，眼睛平视前方。①

②

2 右脚向前迈一大步，同时双手屈肘举哑铃至上臂与肩头齐平，然后身体慢慢下蹲到右大腿接近与地面平行，左腿伸直；同时双手高举过头，手臂伸直，掌心向前；稍停留。②③

3 收回右脚和双手，伸出左脚练习。左右腿各完成一次算一个回合，重复练习。

③

注意事项

保持抬头挺胸，上身不要晃动，眼睛平视；尽量下蹲，大腿接近与地面平行；感觉肩部用力把哑铃举起来，而不是手臂用力。

练习量

每组30~50次，做1~2组。

组合练习3：胸背合练

这是针对腰腹部和胸部的综合锻炼，能提高腰部前后俯仰的灵活性和胸部肌肉质量，对腰背不适、乳腺增生等健康问题有很好的预防和缓解作用。

哑铃重量：5~8磅

练习方法

1 站立，抬头挺胸，双脚分开与胯同宽，脚尖向前；双手持哑铃，自然垂于体侧。

①

2 保持抬头挺胸，向前俯身，使上身与地面约成60°，头略微抬起，手臂自然前移，掌心相对。①

②

3 后背用力，双手向两侧展开，掌心相对；稍停留。②

③

4 回到站立姿势并向后仰，同时双手向前收拢，直到掌心相对，此时胸部用力收紧；稍停留后再重复动作，一俯一仰为一次。③

注意事项

上身的前俯动作以胯为轴，而后仰动作则需要整个腰部参与；肘关节始终保持略微弯曲，不用完全伸直。

练习量

每组30~50次，做1~3组。

组合练习4：左右开弓

这是上身的一个综合锻炼动作，对整个上身都有很好的锻炼效果，可有效缓解后背的不适以及乳腺的健康问题。同时，全身绷着劲的动作还能起到全身塑型的效果。

哑铃重量：1~3磅

练习方法

1 站立，抬头挺胸，双脚分开比肩略宽；双手持哑铃垂于体侧，掌心相对。①

2 身体下蹲，双手高举过头，掌心相对，双手慢慢地下拉到胸前。②

3 左手肘关节略为弯曲（约为 170°），掌心向前，呈“持弓状”；右手屈肘掌心向内手指弯曲，呈“拉弓弦状”；接着后背用力把左、右手分别拉开，同时胸、背、腰、腹等部位用力绷着劲，头看向左侧，稍停后双手再举起过头。改变左右手重复以上动作，交替进行。每侧一下为一次。③

注意事项

身体挑直，抬头挺胸；下蹲幅度根据自身情况来定，可下蹲到大腿与地面平行也可只是膝盖略微的弯曲；手向两侧拉开时，后背用力，身体的其他部位也要绷着劲。

练习量

每组 30~50 次，或者更多，做1~2组。

Zhao Zhi Xin

Nv Xing Jian Kang

Yong Ya Ling

击退女性常见的健康顽疾

手脚冰冷、贫血、骨质疏松……这些都是女性常见的健康问题，给女性的生活带来无尽烦恼与痛苦，有的甚至危及生命！尤其是30岁以上的女性，更能感受到这些健康问题所带来的种种不适。

有意思的是，很多病症通过药物治疗几乎是没有效果的，只能暂时控制症状，而通过调整生活方式、增加运动量等，却能很好地缓解甚至消灭这些健康问题，这就是运动的魅力！本章就女性常见的健康顽疾，提供一些针对性的运动方案。

顽疾1：手脚冰凉真难受

相信很多女同胞都有这样的感觉，尤其是比较苗条的女性，每天手脚都凉凉的，怎么捂都捂不热，即使在炎热的盛夏，手脚也还是凉嗖嗖的。我曾遇到过情况比较严重的女性：每天把冰凉的脚从鞋里拿出来，伸进冰凉的被窝，第二天早上再把冰凉的脚放到冰凉的鞋里，手脚一天24小时都是凉的！

应该说手脚凉不是什么大病，到医院看也查不出具体的“病因”。出现手脚冰凉症状的多为“干瘦”型女性：身体单薄，体脂含量很少。常年累月的手脚凉，人就会出现许多生理、心理问题。首先，手脚凉是身体过“寒”的表现，中医认为：“痛者，寒气多也，有寒故痛。”就像冬天水被冻成冰一样，身体的血液也会因为寒冷“凝滞”，出现“不通则痛”的情况，因此女性一般都会痛经。另外，手脚是人体的远心端，手脚冰凉会使毛细血管紧缩，使正常的血流量降低，从而引起许多不适感，比如易疲劳、情绪稳定性差、爱睡觉，进入中年后更易患上乳腺疾病、骨质疏松、骨折高发等病症。

另外，白领一族“静态式”的工作方式也会直接影响到血流状态，血液的流动速度、血流量都很低，导致手脚等身体末梢的血液供应不足，这也是手足冰凉的原因所在。

日常生活中怎样预防手脚冰凉？下面这些方法大家不妨试一试。

入睡前用热水泡脚或者洗脚，然后对双脚进行揉搓、拍打等，使双脚毛细血管的开放量加大，增加血液流量。

睡前2小时，进行30分钟健身活动，如慢跑、快速走、一般性体操等，使全身、手脚发热。

平时多从事“温和运动”，比如慢跑、快走、爬山等有氧运动，都有改善手脚冰凉的效果。但是从事“温和运动”时，首先要选择适合自己的运动项目，更关键的是要坚持固定的运动时间和运动量。如果只是想起来就练一下，效果会差许多。

刚开始进行哑铃锻炼的女性，可以先从 1 磅的小哑铃开始尝试练习。你也可以通过下面的测试选择合适自己重量的哑铃：用 1 个哑铃连续做 13 个单臂屈伸练习，如果你不觉得特别累，那这个哑铃的重量就正好适合你练习。

持哑铃踏步

持哑铃踏步相当于“负重跑步”，这样的“压迫性”锻炼，能对身体产生非常强的刺激，全面提高身体素质，促进血液循环，尤其对下肢、手臂锻炼效果更好。更关键的是，这个动作能有效提高骨密度，预防骨质疏松，同时能刺激骨骼的造血机能，减轻贫血的症状。

哑铃重量：1~3磅

练习方法

1 站立，抬头挺胸，双脚略微分开，脚尖向前；双手持哑铃，自然垂于体侧。①

2 肘关节弯曲90°，掌心相对，身体略微前倾；抬起左腿，大腿接近与地面平行，同时右手向前摆，左手向后摆，尽量抬高。接着换腿换手，交替进行。②

注意事项

踏步、摆手时都要用力；身体要略前倾，动作不用很快，要有节奏；手臂前摆时在肩关节前，向上抬到上臂与肩同高，向后摆动时在肩关节后方。

练习量

每天练习10~30分钟。

上臂抬高，前臂顺着起来，而不是屈肘抬起哑铃。

持哑铃跳跃

这个动作一般认为是针对小腿的锻炼，实际上是非常好的全身综合性锻炼，能有效促进血液循环，加快血液流动速度，增加身体末梢的血液供应，从而缓解手脚冰凉的症状。跳跃对内脏更是一个很好的“振动锻炼”，能有效地增加内脏的稳定性，防止出现内脏下垂等症状。另外，小腿肌肉除了为跳跃提供动力，更重要的作用是调整起跳方向，保持动作的准确性。这对提高神经系统对小腿以及足部肌肉的精确控制能力有很好的效果，能延缓神经系统的功能衰退，并塑造良好的腿形。

哑铃重量：1~3磅

练习方法

①

②

1 站立，双脚并拢或分开约一脚掌宽，脚尖向前，双手持哑铃垂于体侧。①

2 屈肘，把哑铃举起到胸前，双脚同时原地跳起来。落地时要脚趾先着地，迅速过渡到全脚掌着地，并为下一次起跳做好准备。连续跳跃。②

注意事项

双手要持稳哑铃；用小腿后侧肌肉发力，跳起来后要伸直膝盖，落地时先脚趾着地，后过渡到全脚掌，同时屈膝下蹲，做好缓冲，避免对关节造成过大的冲击。

练习量

每次连续跳3~5分钟，做1~2次。

顽疾2：岁月不饶人，头发越来越稀薄

在一次讲座的间隙，不少女性纷纷诉苦：“赵老师，我的头发原来好好的，现在变得又细又少，您说可怎么办呢……”

一头靓丽的秀发既是女性美的象征，也是健康的表现，所以女性特别珍惜自己的头发，做护理、用高级的洗护用品，尽量让秀发展示美丽与健康。但是，由于工作压力、自然环境、年龄增加等原因，身体内环境的改变使得头发越来越没有光泽，变得干枯、脆弱，甚至变细、脱落等，使得原本浓密的头发越来越稀薄。

《黄帝内经》说到：“……肾主骨……其华在发……”，所以头发的这些改变，与“肾气”下降有密切的关系。而“肾主骨”，通过锻炼骨骼，提高骨骼质量，反过来会促进“肾气”，减慢肾气下降的速度（女性在28岁后肾气就开始下降），进而改善身体的状态。大量科学研究表明，传统医学中的“肾气”跟现代医学中的内分泌系统有密切的关系，尤其是男性荷尔蒙、雌激素等，其作用几乎是对等的。因此通过力量练习，在提高骨骼质量的同时，还能提高体内的男性荷尔蒙水平，从而使头发更健康。

另外，通过慢跑、快走等有氧运动，促进身体排汗，能有效减轻肾脏负担，提高肾脏功能。

大树参天

这是对全身骨骼的锻炼，每天早晚进行2~3次，能有效减慢肾气下降的速度，而对于年轻的女性来说，则可提高肾气水平，增加身体的“储备”。（动作详解参见第39页）

俯身起

俯身起除了能有效提高腰部的肌肉质量，对提高肾脏功能也有非常好的效果。在传统医学中有“腰为肾府”的概念，因此锻炼腰部肌肉能直接刺激肾脏，促进其健康。（动作详解参见第44页）

仰卧推胸

大部分的女性都认为仰卧推胸是男士做的动作，其实，女性更应该练习。锻炼胸部肌肉，尤其是胸大肌，能有效改善体内激素水平，提高“肾气”，对于40岁左右的女性来说，这个动作能缓解包括头发稀薄在内的很多健康问题。这个动作还可以防止乳房下垂，塑造局部体型，预防乳腺增生等健康问题。除了可以用小重量的哑铃进行锻炼外，还可以用比较大的重量，比如杠铃、俯卧撑等来锻炼胸大肌，给予更强的刺激。

哑铃重量：5~8磅或更大

练习方法

1 平躺在凳子或健身球上，双脚平放在地上，腰部和头部紧贴凳面。双手持哑铃，掌心向前，手臂伸直，把哑铃举在胸部的正上方。哑铃可靠在一起以维持平衡。①

2 胸部肌肉用力，慢慢屈肘，把肩打开，把哑铃直线放到最低，让胸部肌肉充分拉开。在最低点时哑铃杆的连线要通过双乳头，上下不超过2厘米。②

3 胸部发力，把哑铃向上举起来，直到手臂伸直，此时手形不变，两手的距离与肩同宽。重复练习，一上一下为一次。③

注意事项

注意安全，运动过程中保持精神集中，保持双手稳定，不要晃动，如果没有同伴或教练保护，不要勉强自己做到力竭。保持自然呼吸，或下放时吸气、举起来时呼气，呼吸的节奏要配合动作的节奏；注意肌肉的用力感觉，在举哑铃时胸部肌肉要有绷紧感，放下时也要用力控制。

练习量

每组25次，做3~4组。

顽疾3：睡不着的苦恼

睡眠质量差、睡眠时间短已成为现代人的一种普遍现象，尤其是女性。但是很多人认为这是“精力充沛”，实际上健康已经开始大打折扣。虽然服用安眠药可以帮我们延长睡眠时间，但是并不会改善我们的睡眠质量。支持睡眠质量的因素有三个主要方面，也是提高睡眠质量的三要素：

1. 大脑疲劳的程度；
2. 骨骼肌肉等的生长程度；
3. 体力活动后的身体疲劳程度。

一般来讲，在入睡之后3~4小时内的深睡是为了缓解大脑疲劳所必须用的时间。之后大脑皮层开始兴奋，进入浅睡眠状态，多梦、半睡半醒或完全清醒——有过这种经历的人往往认为这就是“失眠”的表现。其实人们并没有理解影响睡眠深度和长度的因素，不只是大脑疲劳，还有生长及疲劳之后的机体“修复”因素。比如为什么正在长身体的孩子、手术之后的病人他们的深睡程度会很深？这就是“生成”或“修复”因素在起作用。另外是肢体疲劳因素，现代女性，尤其是白领一族，肌肉活动很少，所以很多女性睡眠质量不高，实际上是相对缺少了“疲劳”因子。

另外，人在睡眠时呼吸频率、血流速度都会降低，这意味着体内的氧气供应降低。当体质好时，红血球非常优秀，而且人体的抗低氧能力水平高，能维持睡眠时的氧气“供需平衡”。而当人上了年纪，又忽略体质锻炼——特别是可提高红血球品质的有氧健身运动——此时血液中的红血球质量下降，在睡眠时就不能维持氧气的“供需平衡”，人的大脑皮层会兴奋，使呼吸频率加快，呼吸深度提高，这样的“正常”现象会使我们“清醒”起来，这也是睡眠质量不好的一个因素。正因为如此，这种与“运动不足”有关的睡眠质量不高现象，完全可以通过增加有氧运动而改善！

有氧运动能使血红细胞更加优秀，血液的携氧能力会更强，而力量锻炼则可为身体“创造疲劳”，同时力量锻炼所导致的肌肉的细微损伤，也为身体提供修复的工作，从而促进睡眠。

因此当睡觉不好时，首先不要“自我”认定自己失眠了，这样会形成心理负荷，尤其是当用药依然无法解决睡眠问题时，就很容易形成心理障碍。我建议你最好从“肌肉活动量”偏低的问题开始考虑。

慢蹲起

可以在每天睡觉前2个小时进行1~2组的锻炼，使身体疲劳，而且不会引起身体的兴奋，会让你睡得更香。（动作详解参见第46页）

拉伸运动

准备活动通过对腰部、腿部的拉伸，能让身体在舒缓中变得疲劳。每个姿势坚持30秒左右，在睡前2小时进行。（动作详解参见第33页）

顽疾4：乳房成了“健康炸弹”

乳房隐含的健康问题，已经成为大部分女性的“健康炸弹”，说不准哪天就会爆炸，其中以乳腺类疾病最为常见。有一年“三八”节，我被邀请为某饭店的女性员工讲课，她们共有157人，其中116人有乳腺增生，占到75%，这是多大的比例。因此，女性朋友一定要重视自己的乳腺健康。

一般来讲，乳腺疾病主要与免疫、内分泌、精神、遗传等因素相关。内分泌功能紊乱，雌激素在周而复始的月经周期中长期刺激乳腺组织，导致乳腺病发生。而精神因素往往是内分泌紊乱的重要诱因。许多乳腺增生经年不愈的中年女性都自称有紧张焦虑、终日疲惫、生活与工作顾此失彼等状况。特别是一些临近更年期的女性，生理的变化加之精神抑郁，爱生闷气或脾气暴躁，常使乳腺增生疼痛加剧。一般认为，这种精神紧张导致的内分泌和免疫系统失调，使机体对细胞突变的制约失控，是癌变的重要原因。

除去精神因素和生理变化，不良的生活方式，如营养过剩、滥用补品等，也使众多中年女性发胖，经期延迟。相关研究发现，肥胖以及绝经过晚（晚于55岁），均使中年女性患乳腺癌的危险成倍增加。

实践证明，女性经常进行各种运动，尤其是上肢运动，能很好地促进乳腺的健康。我曾对40多人进行过相关调查，她们中间只有一位曾经得过乳腺增生，通过几年锻炼基本上好了。因此，要预防和缓解乳腺的健康问题，运动是非常好的方法。

拍打

以乳头为原点划一个十字，拍打的位置就是胸部外上四分之一的那块。每天想起来就拍打几下或者一边走一边拍打，连续100~200下，就能起到很好的效果。

哑铃云手

这个“加强版”的太极拳动作，对整个上肢以及腿是一个综合锻炼，不但能有效提高肩、手、腰、胯等部位的功能，还能非常好地刺激整个胸部，尤其是对胸部外上四分之一处的乳腺疾病高发区进行刺激，因此能有效预防各种乳腺疾病。

哑铃重量：1~3磅

练习方法

1 站立，双脚分开与肩同宽，脚尖向前；双手持哑铃，自然垂于体侧。①

2 屈膝屈髋，身体下蹲，将哑铃抬起到胸前位置，右手掌心向下、左手掌心向后。下蹲的幅度可根据自己的身体情况来定。②

3 左手不动，右手慢慢向上、向外弧形划出，掌心慢慢向外旋转，同时左手向下，向内收回；当右手到“最外侧”时，掌心转到斜前方，同时左手手腕翻转、掌心向下。③

4 右手向下、向内收回，左手向上、向外弧形划出；当右手收回到胸前时，掌心转为向下，同时左手向外划到最外侧。重复进行。眼睛跟随着向外运动的手，头随眼动。④

注意事项

保持抬头挺胸的姿态，身体可随着手的伸出方向略微倾斜，重心在双脚间移动；手在最外侧时，肘关节要略微弯曲，大小臂的夹角为150°左右；眼睛要跟随手的运动，并看着手指；下蹲时尽量避免膝盖超过脚尖。

练习量

连续做5~10分钟，或者更长的时间。

胸部锻炼

对女性而言，胸部的锻炼，除了能改善体型，还能有效促进胸部血液、淋巴的循环，提高胸部的肌肉质量，改善身体的内分泌状况，预防各种乳腺疾病。

仰卧飞鸟（动作详解参见第42页）

胸肩合练（动作详解参见第52页）

仰卧推胸（动作详解参见第63页）

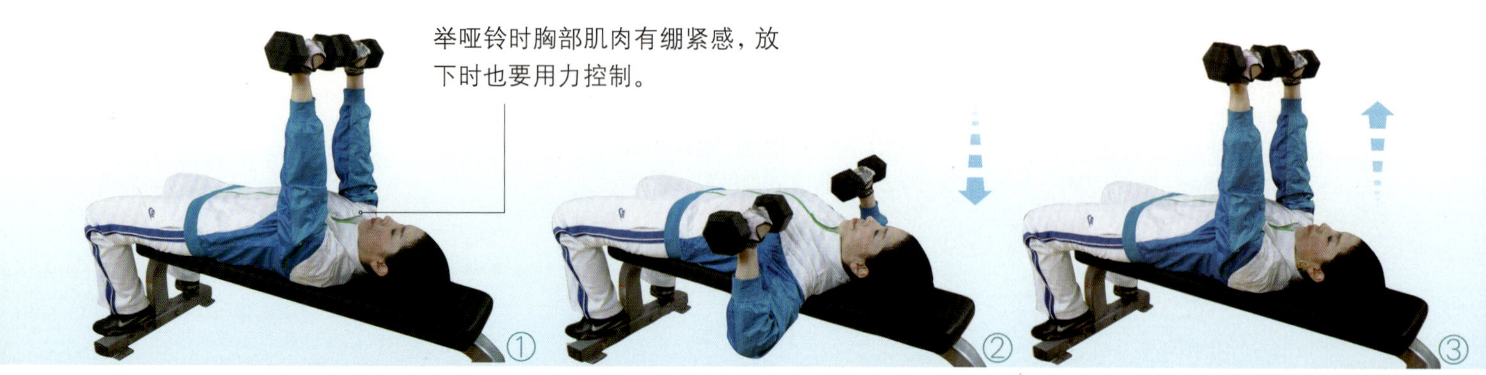

正弓步扩胸

手握哑铃，做正弓步扩胸运动，对下肢、腰背以及胸部的肌肉是一种综合锻炼，可以全面提高这些部位的肌肉质量。对女性而言，这个动作既能很好地改善体型，更能很好地促进女性的乳腺健康，提高代谢水平，预防乳腺疾病。

哑铃重量：1~3磅

练习方法

1 站立，眼睛平视前方，双脚分开约一脚掌宽，脚尖向前；双手持哑铃垂于体侧。①

2 右脚向前跨出一大步，脚尖向前，双手向前平举，与肩同高，掌心相对。②

3 右腿屈膝屈髋，左腿伸直，身体慢慢下蹲至右大腿接近与地面平行；同时双手保持与肩同高，并向后尽量展开，稍停留。③

4 起立，同时向前收拢手臂，收回右脚。向前迈出左脚，重复以上动作。交替进行，左右各做一下为一次。

注意事项

下蹲时要抬头挺胸，重心始终放在双脚中间，下蹲幅度可根据自身情况来掌握；上肢的后扩和前收，要有意识地用后背及胸部的肌肉来完成，同时要保持手臂与肩同高，肘关节要略微弯曲。

练习量

每组做20~30次，做1~2组。

顽疾5：“好朋友”月月来捣乱

如果我说，现在很多13~20岁左右的女孩子会出现闭经现象，你肯定不会相信，但是我在北京市妇产医院讲课时，听到医生们反映这种现象并不少见。而且每次做讲座谈到这个话题，女同胞们都会感叹，如果“好朋友”每个月都能平静地按时到来、如期而去，那简直就是最幸福的事情。

现实情况是，很多女性朋友却不得不面对痛经、经血黏稠暗黑等现象，有的甚至伴有头痛、关节痛、疲惫、抑郁、嗜睡、情绪不稳等不适症状。

从传统医学上讲，女性属阴，为寒，凡“痛经”者均“寒大”。通常大家理解的痛经，都与遭风寒、遇冷湿有关，常以身体的“保暖”作为防痛经的重要手段。其实，引起女性经前综合征的因素非常多，除风寒冷湿外，还包括不良的生活习惯、不合理的饮食和用药，以及身体瘦弱、运动不足等。因此，每次有人向我咨询痛经问题时，我给出的方法都很简单，就是在月经之前5天开始控制饮食，以清淡为主，少吃鸡、鱼等高蛋白食物，尤其不能吃蟹、田螺等寒性大的食物。另外还应进行适当的体育运动，比如慢跑、快走等“温和运动”，让全身血液通畅。当然，小重量的哑铃锻炼，对痛经等经期综合征也能起到非常好的缓解效果。

大树参天

这个动作虽然是力量锻炼，但动作舒缓，强度被降低了很多，而且能有效促进全身的血液循环，能很好地改善女性的经期综合征问题。（动作详解参见第39页）

尽量用大拇趾点地，体会身体向上拔的感觉。

提踵练习

这个动作能有效促进下肢的血液回流，减轻心脏负担，从而提高心脏及整个循环系统的功能，对缓解血液、血管等循环系统问题非常有用。

当然，这个动作不只限于用哑铃进行专门的锻炼，是任何时候任何地点都能进行的简单练习，都能促进血液的健康，缓解经期问题。（动作详解参见第47页）

拉伸锻炼

有效的拉伸同样能促进血液的流动，而且拉伸会让肌肉更加放松，从而减轻肌肉对所包含血管的挤压，让血液流动更加自然通畅。（动作详解参见第33页）

双手尽量放在地上。

③

交叉压腿

顽疾6：麻烦的贫血

女人最怕的就是两个内容，一就是你的血不好，还有一个是气不好，你知道现在多少女孩子去看中医，结果都是气血两亏。我可以直接告诉大家，凡是女性嘴唇暗淡、手掌心发白，就一定贫血，这些人在蹲下一会儿后，猛然站起就会双眼发黑、头脑发晕，而且气血总是连在一起的，如果血不好，气也会比较差，所以贫血的人在运动后还会出现呼吸急促、憋气等不适症状。为什么贫血总是比较青睐女性呢，这也和女性特有的生理特征——月经有关，很多人没有想过女性来月经本身就是失血的过程，失血以后，你会再造血，如果失血造血失去了平衡，你的身体就会出现贫血的症状。

那么，面对频繁光顾的贫血症状，我们该怎么办呢？

首先，就是要让身体有均衡的营养。肝脏及骨髓是身体中主要的造血器官，要调动这些器官的造血机能，就必须保证身体有足够的造血物质，所以均衡的营养非常重要。

其次，要激发身体的造血欲望。要想实现这一点，参加体育锻炼是最好的办法。体育锻炼需要大量氧气，因此会向身体发出需要血红细胞输送氧气的信号。另外，运动能对骨骼产生良性刺激，使肌肉的质和量提高。骨骼强壮，就能储存更多的物质，满足需要。

对贫血的女性而言，最好的锻炼就是慢跑、爬山等有氧运动，但一定要循序渐进，坚持进行，从走路开始，慢慢将走跑结合，再过渡到跑。另外就是力量锻炼，尤其对躯干部位的骨骼锻炼，如哑铃，能有效刺激骨骼的造血机能，摆脱贫血的困扰。

生长操

这套动作利用身体以及哑铃的重量，对骨骼尤其是脊柱产生刺激，旨在促进全身机能的改善，提高骨骼的造血机能，缓解女性贫血；同时还能提高代谢水平，预防和控制代谢性疾病，对身体的平衡性、协调性也有很好的作用，并具有拉伸全身韧带的功效。

哑铃重量：徒手或用1~3磅的哑铃

练习方法

注意事项

在下蹲和起立的过程中，尽量保持身体挑直，不要弓腰；脚后跟尽量抬高；下蹲时上身可以略微的前倾，以维持身体平衡；整个过程要缓慢，切勿急躁。

练习量

每组10~15次，做1~2组。

1 站立，双脚分开比肩稍宽，双脚平行脚尖向前。双手各持哑铃放在体侧，脚跟抬起或着地（视自己的体力而定）。①

2 身体慢慢下蹲，双手逐渐从体侧转向体前，保持下垂。②

3 当大腿与地面平行（或者下蹲到最大幅度）时，慢慢起立，同时双手举起哑铃，掌心相对。大腿伸直时双手高举过头，抬头向上看，全身尽量向上。停留3~4秒，再慢慢下蹲，双手放下，重复动作。下蹲和起立各要用时6~10秒。③

跪姿推举

这一动作能有效刺激脊柱等躯干部位的骨骼，提高骨骼的造血功能，同时对躯干的肌肉也是一个很好的锻炼，可提高肌肉的质量。（动作详解参见第40页）

踏步、摆手时都要用力，上臂抬高，前臂顺着起来，而不是屈肘抬起哑铃。

90°

持哑铃踏步

这是一个具有有氧运动功能的全身运动，在运动的同时，还能刺激全身的骨骼，并促进骨骼的造血机能。（动作详解参见第60页）

侧卧摆体

这个动作很少有人去锻炼，但是对腰部的健康价值非常大，在提高腰部扭动能力的同时，还能提高脊椎的韧性，疏通血管，使全身血液畅通。经常练习，还能缓解因痛经而带来的腰酸背痛之症。

哑铃重量：5~8磅

练习方法

1 侧卧，右侧在上，身体挑直，右脚稍微向前，与左脚一起放于地面；右手持哑铃，放在身前，左手屈肘放在身体下面或者靠前放。①

2 腰部用力向后摆动，把右手向上摆起来，还原，重复进行。然后侧卧，左侧在上，重复以上动作。②

注意事项

一定要用腰部的力量来摆动，并以胯为轴做转动；只要腰部动作到位，哑铃不一定举到垂直位置；手臂伸直，但手臂、肩部只是协助举起哑铃。

练习量

每组30次，左右侧各做1~2组。

顽疾7：腰酸背痛

曾经有一位很年轻的女孩子问我："赵老师，您看，我天天上班，坐着，也没做啥体力活，也没碰着抻着的，我的腰背怎么还总是疼啊？"现在像她这种情况的挺多，看来这腰酸背痛，似乎已经是现代社会的"流行病"，而且是"大流行"，很少有人说自己没有腰痛、腰酸等问题。对于女同胞们来讲，这种情况尤其明显。

先说背痛，多指胸部对应的后背肌肉的疼痛症状。一般而言，后背肌肉酸痛是由于长期伏案工作，肌肉过度疲劳而导致的，另外就是肌肉的质量下降，承受能力下降而引发的。有的女性是骨骼疼痛，这多见于瘦小的女性，这种疼痛多半是由于骨质疏松而导致的。这两种情况都能通过局部的肌肉锻炼进行缓解。但是如果只是左边痛，同时左边的肩胛、手臂等也有放射性痛，那么很可能是心脏问题，此时最好能去医院检查一下，确定原因。另外，如果后背的疼痛在经过一段时间锻炼后没有缓解，也应该到医院进行检查，以确定具体的原因。

再说腰部不适。腰是人体生命活动中一个非常重要的环节，被称为人体的运动枢纽。腰的骨骼结构、肌肉、韧带的特征以及它位于人体中间的这一特殊位置，使腰部参与了人体的大部分活动。同时，由于腰部在人体活动中受力最多，用力模式复杂，活动范围大，因此极易受到损伤。此外，许多内脏问题也会引起腰部疼痛。

一般腰部的酸、痛、胀、麻和活动受限等，多见于腰椎骨、韧带、腰椎间盘的病变，最常见的外在表现是人体正常的行为受限以及疼痛；另外，如果神经受到挤压，还会出现下肢的一些症状，比如脚痛、脚麻、足跟痛、半侧下肢凉或热、半侧臀部凉等，以上这两种情况都能通过腰部锻炼而得到缓解。另外是许多无行为障碍的疼痛，如阵痛、隐痛等，则可见于肾、胰、直肠、前列腺、子宫等邻近脏器的病变而引发的反射性疼痛，此时就要到医院进行详细的检查，找出病因。

大树参天

每次坚持3~5分钟，做2~3次。是一个很好的拉伸整个脊柱的动作，而且增加了哑铃的下压作用，效果会更加的明显。（动作详解参见第39页）

注意是头部向上顶，而不是借助双手的提拔力量，双手可以向上举，也可自然下垂。

直立伸展练习

这是一个很好的腰部自身牵引动作。

背靠墙直立，头用力上顶，拉直颈、胸、腰椎。每次保持3~5分钟。

塌腰后抬腿

双手扶地，左腿跪地支撑，右腿伸直并向后抬起，同时向上抬头，身体反弓并绷紧上体，停3~5秒后放下腿，稍放松后再抬起绷紧，重复20~30次。换左腿进行，左右各做1~3组。①②

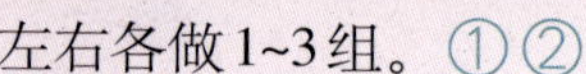

俯身划船

每天做2~3组，每组20~30次，可有效锻炼背阔肌、斜方肌等重要肌肉，不但能有效缓解腰酸背痛之感，还能使女性的后背更具有线条美。(动作详解参见第43页)

扶椅背后背腿

双手扶椅背，上身挑直，头略后仰，左脚伸直并向后抬起，在最高点保持3~5分钟；放下换右腿，左右各做3~5次。

直立后弓身练习

可有效抻拉脊椎前侧肌肉和韧带。站立，两脚与肩同宽，双手上举，头和上体慢慢后仰至极限，稍停留后还原。再后仰，重复进行。

俯卧四飞鸟练习

这个练习对人体整条脊柱刺激非常大。

俯卧，四肢呈“大”字伸开，头、双手、双脚五个点同时抬起，只留腹部着地。坚持 1~3 分钟。放下休息一会儿，再进行一次，重复做3~5 次。

俯卧抬上体练习

可加强上腰、背部肌肉力量和韧带的弹性。

俯卧，双手背在腰部，将上体向上、向后抬起，在最高点保持 1~3 分钟。放松休息一会儿，再进行一次，重复 5~10 次。

俯卧抬下肢练习

可加强腰骶肌的力量。

俯卧，双手背在腰部，将双腿向上抬起，在最高点保持1~3分钟。放松休息一会儿，再进行一次，重复 5~10 次。

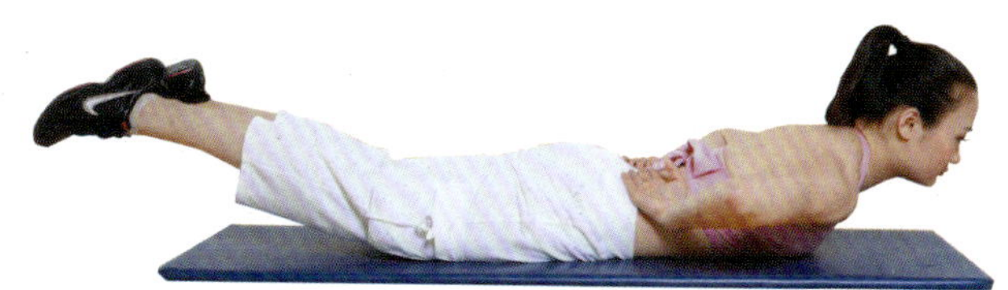

顽疾8：骨头越老越脆弱

有些女同胞特别喜欢通过严格节食来控制体重，身材确实保持得不错，但是却造成了整体的营养不足，再加上很少运动，使骨质疏松症有机可乘，成为了女性人群中的高发疾病，并且有逐渐年轻化的趋势。我看过一篇报道，根据某省体检中心的数据统计，大约每3个25~39岁的女性中，就有1个是骨质疏松或者将要骨质疏松，那是多可怕的数据！25~39岁，正是一个黄金般的年龄，如果这时就已经患上了骨质疏松，那么后面的路就只能在痛苦中走过。

骨质疏松是悄无声息的发展，等到发现症状的时候，往往已经很严重了，此时想要进行调整就很困难了。所以，提早预防是最好的“治疗”手段。

骨质疏松到一定程度后会出现以下症状：不明原因的腰背疼痛、驼背、轻微碰撞下的骨折等，而X光片会出现骨质密度下降现象。

骨质疏松还有一个明显症状就是身高明显下降。很多统计数据证明，身高变矮是与骨质疏松密切相关。

国家体育总局国民体质监测数据中，1997年监测成年人身高表明，21~25岁身高的最高值到56~60岁时平均下降了3.89厘米，下降的速度与1994年相比有明显加大趋势。而2000年的监测结果是，男性45岁之后降低趋势加快，65~69岁比年轻时低了4.9厘米，女性则低了5.2厘米。

仅四年的间隔，两组监测数据相比，身高就下降了1厘米多，可见身高下降趋势之快，而这很大程度是由于骨质疏松引起的，这也是在警示我们一定要注意预防骨质疏松。

在现代社会，由于重体力劳动越来越少，此时类似慢跑、爬山等冲击强度比较大的有氧运动，及哑铃等力量锻炼，在预防和控制骨质疏松方面将起到越来越重要的作用。我们的骨骼需要一定的刺激，才能长得更好；同时，运动可以“创造”需要，使组建骨骼的材料能更好地被吸收并沉积到骨骼上，对骨质疏松的预防及治疗起到非常好的辅助作用。

旱地划船

这一动作是从健骨操中延伸出来的，加上哑铃后，对后背有非常好的锻炼效果，能有效提高后背的肌肉质量，预防后背骨质疏松。同时对由于长期伏案工作带来的后背痛、后背发僵等，也有很好的康复及预防作用。

哑铃重量：3~5磅

练习方法

1 站立，双脚分开比肩略宽，脚尖向前；双手持哑铃自然垂于体前。

2 以胯为轴，上身慢慢向前倾，与地面约成60°时保持住，同时双手慢慢向前平举到与地面平行；抬头向前平视前方。①

3 后背用力，慢慢把手向后拉，像划船一样，到最大幅度时，用力夹紧后背肌肉，停留1~2秒；还原到手臂前伸的位置，重复进行。②

注意事项

身体前倾的幅度要控制，同时保持抬头挺胸，腰部挑直；手臂保持“平举”状态，哑铃拉过来后，手腕、肘、肩要维持在与地面平行的同一平面；整个动作过程要保持膝盖伸直。

练习量

每组做20~30次，做2~3组。

持哑铃半蹲

这一动作从经典的下肢锻炼动作“深蹲”变化过来，虽然锻炼效果有所下降，但是安全性大为提高，对女性而言，这种温和的锻炼动作，既可保护脆弱的骨骼，预防骨质疏松，还能锻炼松弛的腿部及臀部肌肉，可谓一举两得。

哑铃重量：5~8磅

练习方法

1 站立，眼睛平视前方，双脚分开与胯同宽，脚尖朝前；双手持哑铃垂于体侧。①

2 屈膝屈髋，身体慢慢下蹲，到大腿与地面平行，手臂依然垂于体侧；稍停留后还原，重复进行。②

注意事项

动作过程中要保持挺胸塌腰，尽量避免膝盖超过脚尖；身体可以前倾，臀部后翘，以维持身体平衡；膝盖不能内扣，要与脚尖保持同一方向。

练习量

每组20~30次，做1~3组。

持哑铃踏步

每天做15~30分钟。这会对全身骨骼产生良性的刺激，促进钙、磷等物质在骨骼上沉积，同时减缓骨骼分解，保持骨密度。（动作详解参见第60页）

90°

手臂前摆时在肩关节前，向上抬到上臂与肩同高，向后摆动时在肩关节后方，左右腿交替进行。

①

②

慢蹲起

我们的下肢骨骼占到全身骨骼总量的50%，慢蹲起不但能刺激这50%的骨骼，同时对脊柱、肩膀也是一个非常好的刺激，能够很好地提高这些部位的骨骼密度，延缓骨质疏松。（动作详解参见第46页）

下蹲幅度可根据个人情况决定。

祛病健体
一周哑铃方案

日期	锻炼内容	练习数量	备注	页码
周一	大树参天	3分钟	早晚各做2次	39
	慢跑	30分钟	不包括准备运动	89
	拉伸运动	10分钟		33
	胸肩合练	2组，每组30次		52
	跪姿推举	2组，每组50次		40
	旱地划船	2组，每组20次		81
	头后单臂屈伸	各1组，每组50次		96
	正弓步扩胸	做30次	左右各1下为1次	69
	拉伸运动	10分钟		33
周二	生长操	5次	早晚各1组	73
	慢跑	15分钟		89
	拉伸运动	20分钟		33
	持哑铃踏步	30分钟		60
	跳步平举	两次，每次5分钟		91
	拉伸运动	10分钟		33
周三	大树参天	3分钟	早晚各做2次	39
	慢跑	30分钟	不包括准备活动	89
	拉伸运动	10分钟		33
	十点十分操	100次	可分2组进行	93

日期	锻炼内容	练习数量	备注	页码
周三	侧抬腿	各2组，每组40次		101
	慢蹲起	3组，每组12次		46
	拉伸运动	5分钟		33
周四	休息	可以散步30分钟左右，配合适当的拉伸。		
周五	大树参天	3分钟	早晚各做2次	39
	慢跑	30分钟	不包括准备活动	89
	拉伸运动	10分钟		33
	仰卧推胸	3组，每组20次	重量可以稍微重些	63
	俯立飞鸟	2组，每组30次		113
	肩上弯举	2组，每组30次		48
	哑铃云手	10分钟		67
	拉伸运动	5分钟		33
周六	生长操	5次	早晚各做1组	73
	慢跑	30分钟	不包括准备运动	89
	拉伸运动	10分钟		33
	肩腿合练	50次	争取1组完成	53
	侧弓步侧平举	2组，每组20次	左右各1下为1次	143
	持哑铃半蹲	2组，每组30次		82
	夹哑铃控腿	10分钟		105
	拉伸运动	10分钟		33
周日	休息			

Zhao Zhi Xin

Nv Xing Jian Kang

Yong Ya Ling

让职业女性拥有健康和成功

哑铃是一种最简单、最经济实惠的健身器械。练习哑铃，不受场地限制，而且简单易学。通过哑铃练习，你可以获得一双健美而结实的手臂，更可以避免四肢无力、肩膀酸疼、关节疼痛等职业病。可以说，哑铃能让职业女性拥有健康的体魄和成功的事业。

哑铃，让你不再喊累

“累！”是现今很多女士嘴边常挂的一个字，如：累得不想说话、累得不想吃饭、累得见事就烦，累得回家第一件事就想睡觉……有时候连睡觉都会觉得很累，甚至会产生消极的念头：“活得这么累，还有什么意思呢？”

现代社会发展迅猛、竞争激烈，使生活、工作的节奏不断加快，来自社会的多重压力，造成了精力支出过多、心理负荷过大等状况。再加上工作性质、环境以及女性的身体条件，已使局部肢体疲劳和精神疲劳成为这一人群的普遍状态，“累”也就在所难免了。而此时，绝大部分的人都把“休息加营养”作为消除累的第一选择模式：尽可能地减少体力支出，尽可能地增加睡眠时间，尽可能地增加好吃的（首选的是“肉”类食品）。

这种模式看起来似乎非常合理，但就现时而言，却是非常错误的！

因为在过去，我们更多的是在“低营养环境＋重体力支出”模式下生活、工作，所以“增加营养、多休息”对缓解疲劳、维持健康很有效果。但是现在，我们的生活方式已经变成了“高营养环境＋轻体力支出＋社会压力大”的模式。如果再用过去的方式来恢复疲劳，效果肯定是大打折扣。此时最好的调理方式就是“合理营养＋有效的锻炼＋心理调节”。

当拖着“疲惫”的身体下班之后，去做一次30分钟的体育锻炼或参与一项体育活动，你会感到“疲惫”状态悄然而去。而运动后的愉悦感，更会让你有“换了一个人”的感觉。

因此，对于办公室一族来说，缓解“累”的最好方法就是进行慢跑、大步走、骑车等有氧运动，以及哑铃等力量锻炼。此时的哑铃锻炼以全身锻炼为主，局部锻炼为辅。通过全身的锻炼，能有效提高血液循环，让更多的氧气输送到全身，解决身体的“缺氧”状况；而利用哑铃进行局部锻炼，不但可以改善身体局部的不适，还能完善体型上的不足。

慢跑

晚上睡觉前2小时进行30~40分钟慢跑，不用很快的速度，就能缓解一天的疲劳，而且能促进睡眠。

慢跑贵在坚持，最好每天都能进行。

大步慢走

在睡觉前2小时左右进行200~300步的大步慢走，能有效提高睡眠质量，帮助恢复疲劳的大脑。

练习方法

向前迈出一大步，然后保持身体挑直，慢慢下蹲到前面的大腿与地面平行，后腿伸直，同时一只手抬起到与肩同高，另外一只手尽量向后摆起。停留1~2秒后再起，换腿继续向前走。

迈步尽量大，要缓慢，双手臂尽量与肩同高。

大树参天

每天早晚各2~3次，每次做2~3分钟。这是一个很好的伸展和全身锻炼动作，可促进全身的血液循环，缓解疲劳。（动作详解参见第39页）

侧压腿

拉伸运动

有效的拉伸能促进血液流动，让肌肉更加放松，从而缓解因紧张而引发的各种疲劳症状。（动作详解参见第33页）

主要拉伸大腿内侧的肌肉和韧带。

①

②

跳步平举

这是一个非常好的全身锻炼动作，也是一个很好的有氧运动，能提高心肺功能。同时，由于动作过程中手脚配合很多，速度很快，所以能有效锻炼身体的协调性。在身体的快速运动中，郁闷的心情被释放出来，对缓解疲劳起到了非常好的作用。

哑铃重量：1~3磅

练习方法

此练习可以在下午进行，可以促进全身的血液循环，缓解疲劳。

注意事项

手脚要协调进行；在起跳、落地时要注意脚下的缓冲，减轻对关节的冲击；举手、放下的动作要在肩部的力量控制下完成。

练习量

每组做5~10分钟，做1~2组。

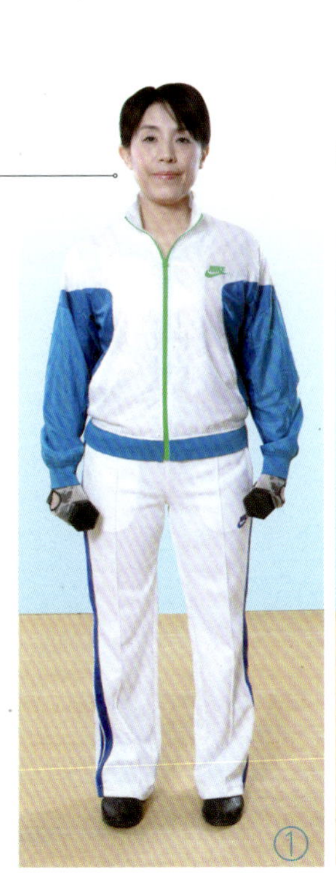

1 站立，眼睛平视前方；双脚分开约一个脚掌宽，脚尖向前；双手持哑铃垂于体侧。①

2 身体向上跳起，同时双脚向两侧分开，双手伸直向两侧平举到与肩同高，掌心向下。②

3 落下时双脚距离与肩同宽，再次起跳，双脚并拢，落地时双脚保持并拢不变，同时放下双手。再次重复以上动作。

缓解颈部不适的哑铃锻炼

现在办公室一族的工作方式基本都是静态的，绝大部分时间都坐在电脑前，有的人甚至回到家里还继续“抱”电脑。这样长期静态工作模式，会减缓全身的血液循环速度，导致血液功能下降。另外，肌肉和骨骼也由于得不到很好的使用而退化。这种退化对于女性健康的危害是非常大的，当衰退到一定程度后就会导致女性的“百病缠身”。

最直接的危害就是众多骨关节不适，比如颈椎病、腰背痛、腱鞘炎等，虽然不致命，但是却严重影响生活及工作。其中以颈部不适最为常见。

很多女性朋友，工作时间长了都会感觉脖子后面酸酸的，向后仰的时候会疼，肩膀和手臂也感觉有些发胀，大脑也昏昏沉沉的。这种情况之前常常发生在中老年人身上，而现在则逐渐年轻化。而且到医院进行诊疗时，却往往得不到准确的诊断，各种药物、理疗手段用完后只能缓解一段时间。其实这些颈部不适并不是真正的“颈椎病”，更多是颈部的功能下降导致，包括肌肉、韧带、骨骼的功能下降等，一般通过适当锻炼，提升局部功能后，这些症状都能得到缓解。

由于长期操作电脑，或者伏案工作，我们的颈肩部一直处于紧张状态，长此以往便会引起颈肩不适。因此建议大家最好能够多做一些哑铃推举等简单的练习，可以很好地锻炼颈肩部肌肉，缓解不适感。

哑铃十点十分操

这是由健骨操中的经典动作“十点十分操”延伸过来的，并通过哑铃增加了手的负重，对肩部以及颈部的肌肉是一个非常好的锻炼，可以有效提高局部的肌肉质量，预防如肩周炎、颈椎不适等健康问题。

另外，哑铃推肩、俯身划船等动作，都对肩、颈部的肌肉有很好的锻炼效果，可提高肌肉的质量，缓解和预防各种颈椎不适。

哑铃重量：1~3磅

练习方法

1 站立，双脚略微分开，脚尖向前，身体挑直，抬头挺胸；双手持哑铃垂于体侧。

2 双手在体侧平举到水平位置，手臂略向后靠，并尽量向远处伸开。①

3 肩颈用力，把哑铃向上举起约15°~20°（即肘关节位于耳朵的上缘）；放下，并重复进行。②

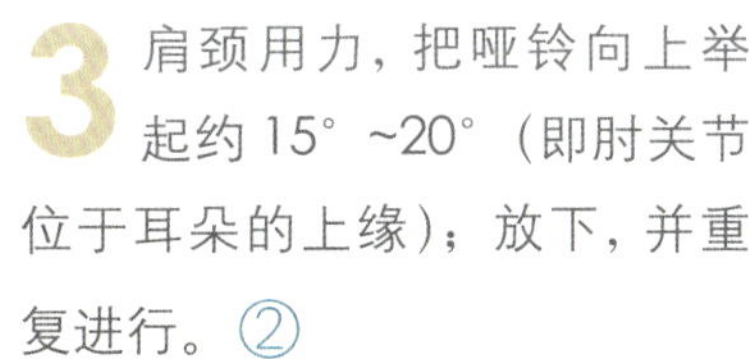

注意事项

身体要保持挑直，尤其在最后的时候不能晃动；手臂的活动幅度保持好，不要过低或过高。

练习量

每组坚持锻炼50次，做1~2组。

“五十肩”其实很近

“五十肩”即肩周炎，是局部的肌肉、韧带出现粘连，影响到血液循环而出现的症状，过去多是五十岁以上的人才会得的病。但现在，“五十肩”却困扰了越来越多的年轻人。“五十肩”看似平常，可严重时能影响到整个上肢的活动，非常痛苦。

运动对人体的作用之一，就是改善血液循环，因此运动疗法是治疗“五十肩”最常用的方法之一。所有锻炼肩部的动作对“五十肩”都有效果，而哑铃等力量锻炼更能针对局部来进行改善。

动作一定要缓慢进行。

肩部绕环

这一动作对肩部及周围的肌肉是一个综合的锻炼，可有效提高这些肌肉的质量，提高肩部的稳定能力。同时对肩周炎、肩无力、颈椎不适等症状，有非常好的预防和康复作用。

哑铃重量：1~3磅

练习方法

1. 站立，两脚分开与胯同宽，脚尖朝前，将头、颈、背、腰、臀、腿部拉直；双手持哑铃垂于体侧。
2. 双手伸直，举起到与肩平行，慢慢以向上、向前、向下、向后的方向顺序绕环；连续进行20~30圈，然后反方向进行。

注意事项

身体始终挑直，抬头平视前方，手臂伸直，不晃动。

练习量

每次向前、向后各做20~30圈，重复4~5次。

俯身平举

锻炼肩后部的针对性动作，提高肩部的肌肉质量，让肩部更加饱满。缓解如“五十肩”、肩部发僵、颈椎不适等颈肩部的不适症状。

哑铃重量：1~3磅

肩后部用力，通过锻炼肩的后部，让肩部更加完美。

160°

②

2 关节略微弯曲、大小臂约成160°，手臂放松，肩后部用力，使上臂向外、向上拉起来，直到上臂与肩部持平；略停留后按原路返回，重复练习。②

练习方法

1 站立，双脚分开与肩同宽，膝关节稍弯曲，上身以胯部为轴向前倾，上身接近与地面平行，挺胸塌腰，略微抬头，保持颈部与躯干成水平状态。双手持哑铃，自然垂在体前。①

注意事项

保持沉肩，肘关节放松，哑铃自然垂在体前。动作过程中不要甩，要匀速进行；尽量保持两条手臂、肩成一直线。

练习量

每组25~30次，做2~3组。

赶走“网球肘”

很多人认为自己不打网球，怎么会得“网球肘”的呢？其实，“网球肘”只是对这个病的俗称，因为它在网球、羽毛球、乒乓球等运动中多发，尤其是网球，所以被称为“网球肘”。“网球肘”是一种慢性损伤，是很多很小的损伤长年累积起来的，等到出现症状时，已经比较严重了。而且，网球肘在治疗上没有任何特效药，只能使用止痛药等缓解疼痛。而哑铃锻炼可以改善机体的局部功能，从而很好地缓解“网球肘”症状。

头后单臂屈伸

女性平时很少能够锻炼到上臂后侧的肌肉，而这个动作可以有效收紧上臂后侧的肌肉，减少上臂脂肪，塑造上肢体型，所以是非常必要的手臂负重锻炼。同时对网球肘、腱鞘炎等也有很好的预防和康复作用。

哑铃重量：1~3磅

练习方法

1 站立或取坐姿，双脚稍微分开，脚尖向前，眼睛平视前方；右手拿哑铃，高举过头，上臂紧贴耳朵（头不能歪），掌心向左；左手叉腰或者扶在右手肘关节处。

2 在上臂后侧肌肉控制下，慢慢放下哑铃，再把哑铃举起来，肘关节伸直，稍停留后再放下。重复练习。左手完成一组后换右手。

注意事项

练习过程中身体不要晃动；上举时上臂保持不动，尽量让手臂伸直；放哑铃时要尽量放到最低；持哑铃的手臂要保持稳定，不能前后移动，另外一手可以扶在肘部或上臂帮助稳定。

练习量

每组30~50次，左右各做1~3组。

俯身单臂屈伸

这是专门针对上臂后面肌肉的锻炼动作，能有效收紧局部肌肉，提高多个关节周围的韧带及肌肉质量，加固关节，对“网球肘”有很好的预防和康复作用。

哑铃重量：1~3磅

练习方法

注意事项

保持身体姿势，腰不能扭动；尽量把前臂抬起到与地面平行，上臂尽量保持不动。经常会有人为了举起重物而上臂上下移动。

练习量

每组30~50次，左右各做1~3组。

1 站姿，双脚前后开立，右脚在前左脚在后；上身前倾，基本与地面平行；右手扶右膝或凳子，左手持哑铃，上臂尽量抬到与地面平行，紧贴上身，前臂自然下垂，掌心向前；头自然抬起来，目视斜前方。①

2 左手上臂后部用力，让前臂向后、向上举起哑铃，直到肘关节伸直，稍停留；在肌肉力量的控制下慢慢返回。重复进行。②

3 改变左右脚位置，换右手再进行一组。此动作也可以双手各握一个哑铃，同时进行，此时双脚可左右分开，与髋同宽。

手腕不适的哑铃锻炼

腱鞘炎、“三手病”等手部健康问题在目前的白领族中非常多见，电脑、手机等现代电子设备的频繁使用是导致这些问题的主要原因：静态的工作模式加上活动不足，使局部组织长期处于紧张状态，久而久之就会导致功能下降，出现不适症状。要缓解这些症状，最好的方法就是通过锻炼改善局部肌肉、韧带的质量，提高它们的抗疲劳能力。同时锻炼还能改善局部的血液循环，促进局部炎症的消除。

翻手腕

这一动作对手指关节、手腕、肘关节及手臂所有肌肉是一种综合锻炼，可缓解指关节痛、腕部疼痛等许多问题。此动作还可锻炼手指、手腕、肘关节的灵活性和柔韧度，增加手腕的应急能力，减少和预防腕部拉伤、戳伤等。

练习方法

1 两腿直立，两脚尖朝前，抬头挺胸，将头、颈、背、腰、臀、腿部拉直；同时双手向前平举，手心向外、拇指朝下。

2 双手交叉，手心对手心十指交叉相握，向下由胸部向内上翻起，并尽量向前伸直。稍停留后还原，重复进行。①

3 双手先从里向外翻，再从外向里翻。左右手交换做。②

注意事项

要全身挺拔，双手握紧。

练习量

每侧做10~20次左右。

平举勾手腕

每天做1~2组，每组50~60次，能有效收紧并拉伸前臂正面的肌肉，提高前臂的肌肉、韧带、骨骼的质量，缓解各种手腕不适症状。(动作详解参见第50页)

平举翘手腕

每天做1~2组，每组50~60次，锻炼前臂背面肌肉，对缓解各种手腕不适效果良好。此动作一般与平举勾手腕同时进行，以达到全面锻炼前臂的效果。(动作详解参见第51页)

胯部保健很重要

胯部最大的健康问题是股骨头的骨折或坏死，尤其是股骨头坏死，号称是“不死的癌症”，所带来的痛苦是非常严重的。股骨头坏死的原因之一是局部的血液供应不够，导致局部缺血而使骨头发生坏死。由于胯部以及股骨的特殊结构，在股骨颈的位置非常容易发生骨折，而骨折后很容易留下股骨头坏死等严重的后遗症。而且，这些问题在女性人群中的发生概率要远远高于男性。

所以对胯部进行功能锻炼，提高胯部的功能，尤其是提高股骨的质量，提高骨密度，是预防股骨头问题的关键。而且在进行胯部锻炼的时候，也会对整个的下肢起到非常好的塑型作用，改善整个下肢的体型。

侧步起

这是一个平时很少锻炼到的动作，但这个动作对大腿，尤其是大腿侧面有非常好的锻炼效果，还可有效锻炼胯部前面以及侧面的肌肉。由于这个动作是双腿进行不同的运动，能有效提高我们的协调性以及神经系统的功能。

哑铃重量：5~8磅

练习方法

1 站立，双腿并拢，身体挑直；双手持哑铃，自然垂于体侧。①

2 左手移到身前，右手移到身后，左脚向左侧伸出；同时身体慢慢下蹲，到右大腿接近与地面平行，稍停留。②

3 起立，收回左脚，重复进行。完成一组后换腿进行，或双腿交替进行。

①

②

这个动作对整个下肢都是非常好的锻炼，能有效提高下肢的功能。

注意事项

保持挺胸塌腰，手臂放松，自然下垂；下蹲时身体可略微前倾，以维持平衡。

练习量

每组30次左右，左右各做1~2组。

侧抬腿

这是一个“多功能”的锻炼动作，不仅能综合提高胯部骨骼和肌肉的质量，防止股骨颈骨折、股骨头坏死等严重疾患，同时，动作过程中下肢的用力模式会让整个下肢的肌肉收紧，起到塑型美体的作用。

哑铃重量：1~3磅

练习方法

注意事项

脚抬起时要保持一条直线。在锻炼过程中，还可以把手举起到水平位置，这样在锻炼胯部时，肩部也得到了锻炼。

练习量

每组锻炼30~60次，左右各做2~3组；或者每次保持3~5分钟，各做2~3次。

1 站立，双手叉腰，眼睛平视前方；左腿伸直，向左侧伸出半步，脚尖点地（可在脚踝上绑上哑铃，也可不绑）。①

2 右脚支撑，左脚向左侧抬起至脚尖离地面大约10厘米左右，左脚的膝盖、脚面要绷直，形成“直线”。稍停留。②

3 还原到脚尖点地，重复进行；或者抬起来后保持不动，坚持3~5分钟。完成一组后换腿进行。

“纤纤玉足”加倍呵护

足部是人体最下面的部位，人只要站立，它就要承担我们的体重，一旦我们走动起来，它要承担的冲击力就要达到2~3倍的体重，当我们跑起来后，它承担的力量会达到我们体重的3~6倍。优秀的运动员在进行冲刺跑、跳高跳远等训练、比赛的时候，足部要承受的力量能达到人体体重的10倍。所以看似瘦小的足部，其实它的承重能力是非常强的。

足部又是很容易受伤的部位，踝关节周围的韧带损伤、足底肌肉的损伤等，都会导致足部的承重能力下降，影响到生活的质量。尤其是在女性人群中，一些不良的生活习惯也正在威胁足部的健康：比如穿高跟鞋、窄头鞋、八字脚走路等，都会导致足部的用力模式的改变，从而导致足部出现问题，如拇外翻、脚垫、足弓塌陷、踝关节不稳、容易崴脚等，对生活造成很大的影响。拇外翻、脚垫等不但会明显地影响足部的美观，而且疼起来会让人寸步难行。我接触过好多关节不稳的患者，基本是女性，她们走路就像以前的“三寸金莲”一样，一点一点挪着走，上楼梯都需要别人扶着，真的非常痛苦。而经过一段时间的锻炼基本都能好起来。

所以，我们的足部并不是我们想象的那样，不需要关注，不需要锻炼。

想要拥有一双美足，不只是做皮肤护理，完美的足型也很重要，而足部锻炼则是打造完美玉足的最佳方法。

提踵练习

每天做1~2组，每组50~60次，能有效地锻炼到身体大部分的骨骼，更是最常用的足部锻炼动作，对小腿、脚踝及整个下肢都有很好的塑型和保健作用。（动作详解参见第47页）

弹着走

在日常走路的过程中，有意识地增加脚踝部位的用力程度，进行“弹着走”，对提高脚踝功能有非常好的效果。

①

②

膝盖保暖，美丽不“冻人”

女性的身上有四个地方是经常觉得凉的，其中一个就是膝盖。膝盖是人体最大、最复杂的关节，其他关节中有的组织，在这里都能找到。但膝盖又是人体中最需要保护和锻炼的关节：周围只有很薄的一个脂肪层，没有大块的肌肉覆盖，尤其是正面，皮肤以及脂肪都很薄，而且面积很大，散热很快。因此，要保持膝盖暖和，除了多穿衣服，就是进行局部的有效锻炼。现代女性为了展示美丽的一面，往往穿得比较少，甚至寒冬季节都只穿短裙、丝袜，让娇弱的膝盖完全暴露在寒风之下，这样不受凉才怪。

膝盖受凉的直接后果就是导致膝盖的功能下降，出现膝盖痛、膝盖发软以及髌骨、韧带的损伤，导致髌骨劳损、上楼痛下楼痛等症状，影响到正常的生活。所以，在日常生活中一定要注意膝盖的保暖，虽然不至于每天戴副厚厚的护膝，但是至少要保证膝盖部位有足够的衣物遮挡，并经常进行膝盖锻炼。

拍打膝盖

这是一种很好的膝盖保养方式，通过拍打，使局部的温度提高，血液循环加快，能有效地缓解膝盖的一些不适，比如膝盖发软、不明原因的疼痛等。同时，对改善手掌的血液循环也有非常好的作用。

练习方法

1 站立，双脚分开与肩同宽；双手五指并拢，掌心成碗状，平举到胸前，约与下巴同高的位置，肘关节稍微弯曲。①

2 膝盖弯曲、身体下蹲，同时双手手臂伸直，向下用力，使双手叩击在膝盖上；身体直立，再下蹲叩击，重复进行。②

注意事项

在拍打过程中，手一定要用力把膝关节扣住；拍打后，膝盖和手掌要有火辣辣的感觉；刚开始拍打时会有一些不适，继续拍打几天就会自然好转。

练习量

膝盖的前面、外侧、内侧各拍30下左右，早晚各一次。

夹哑铃控腿

这是膝盖康复的一个最佳动作，是利用静力的坚持，在提高关节周围的韧带、肌肉质量的同时，促进膝盖关节液的分泌，达到润滑、营养和修复关节的作用。此外，这样的静力锻炼还能收紧腿部肌肉，塑造完美腿型。

哑铃重量：3~5磅

练习方法

1 坐姿，双手扶凳子两侧，膝盖在凳子外，大腿与地面平行，小腿自然下垂不着地（选用较高的凳子或把凳子垫高）；用双脚内侧足弓夹着哑铃杆。①

2 大腿用力，使小腿把哑铃抬起到膝盖伸直位置，停留一段时间（抬起的高度可以是大腿与小腿的夹角为150°左右，或者是自己感到不适的位置）。②

注意事项

在用力的过程中，手可以拉住椅子，防止身体前倾，协助腿部用力；在动作过程中，要维持哑铃的稳定，直腰抬头，大腿使劲收缩，脚尖适当勾起。

练习量

每次保持10~15分钟，做1~2次。

给心灵解压的哑铃练习

在这个社会生活的每个人，都承受着压力，只是大小不一而已。对于职业女性来说，除了要承受工作上的压力，还要面对来自家庭的压力，往往在家庭与工作的平衡协调中，弄得身心俱疲，从而导致很多女性健康问题的发生。因此如何有效地排解压力以及提高抗压能力就至关重要了。

如何提高女性的抗压能力呢？大家都知道，健康的身体是抵抗一切压力的基础。当我们拥有健康的身体、强健的体质时，身体对各种环境的适应能力都会非常的强，自然对压力的应对能力就加强了。另外，增强体质的力量锻炼，本身就是很好的一种缓解压力的方式。我们知道，在运动过程中，比如慢跑、力量锻炼等，身体会分泌出大量的内啡呔物质，这种物质能让人产生愉悦的感觉，并且能持续相当长的一段时间。而且在运动过程中，我们大脑中负责运动的区域处于兴奋状态，而负责思维的区域则相对的处于抑制状态，所以当我们专注在身体完成动作的时候，大脑负责思维的那些区域自然就会处于休息状态，可以很好地缓解压力。

因此，经常参加运动既可以提高女性的抗压能力，又能有效缓解压力。此时进行一些跳跃性、快速的锻炼，效果会更好。

跳步平举

每天下午进行15~20分钟。这是一个非常好的全身锻炼动作，能有效刺激脊柱，避免骨钙的流失，促进全身的血液循环。(动作详解参见第91页)

在起跳、落地时要注意脚下的缓冲，减轻对关节的冲击。

哑铃冲拳

要完成冲拳动作，需要身体的协调用力，所以这个动作不仅可锻炼胸部，对提高身体的协调性等综合素质也有非常好的作用。另外，肌肉质量的提高，对改善人的心理状态、缓解心理的倦怠情绪，会起到很好的辅助作用。在冲拳的同时用力喊出声来，效果会更好。

哑铃重量：1~3磅

练习方法

1 站立，抬头挺胸，双脚分开比肩略宽，脚尖向前；身体下蹲到大腿接近与地面平行，重心落在两脚之间（可根据自身情况调整下蹲位置）；屈肘，双手持哑铃放在腰间，掌心向上。①

2 左脚用力蹬地（但不离开地面），随着蹬地力量的上传，转动腰部，把力量“传”到右手；右手借助此力向前冲拳，此时向内旋转手臂使掌心从向上改成向下。同时可以喊出声音。②

3 收右拳，回到预备姿势。接着右腿蹬地，冲左拳。重复进行。冲拳速度根据自身情况来掌握，可快速也可柔和。③

注意事项

保持上身姿势，在冲拳时只转动腰部，不可前后左右晃动，尤其肩部不能明显前送；向前冲拳时要用拳心引领出拳方向；出拳手臂的肘关节不要完全伸直，大概保留165° 左右的夹角。

练习量

一左一右为两次，每组冲拳 50~100 次，每组冲拳一口气做完。

Zhao Zhi Xin

Nv Xing Jian Kang

Yong Ya Ling

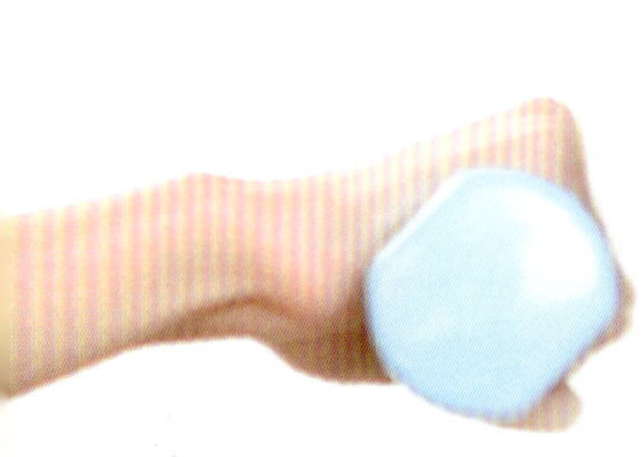

哑铃，打造“S”形完美曲线

减肥对于女人来说永远都是一个热门话题，不管是十几岁的青涩小女生，还是六七十岁风韵犹存的老人家，无论是真胖的假胖的、明着胖的偷着胖的，都想要减肥。其实，许多人并不需要减肥，她们需要的只是针对身体某一部位的局部塑型。此时，运动就成了最好的选择，尤其是可以进行局部锻炼的哑铃，更是帮女人拥有曲线美的最佳方法。

消耗热量的整体练习

肥胖，说白了就是身体摄入的热量过多，用不完只好转换成脂肪，在体内存起来。要减肥，最基本的一点，就是需要让热量的摄入小于身体的消耗，从而调动身体分解体内存储的脂肪，达到减肥的目的。

减肥，减的就是多余的脂肪。适当的哑铃锻炼不仅可以消耗热量，调动脂肪分解，而且还能实现局部塑型，想瘦哪里就瘦哪里。

要实现这一目的，首先要控制热量的摄入量，同时要通过运动、劳动等体能消耗比较大的身体活动，增加能量的消耗。其中，有氧运动是消耗脂肪的最好方式。比如慢跑、爬山、骑车等，都需要大量的肌肉来完成动作，而且可以灵活地控制强度，让运动的强度控制在消耗脂肪的范围内。另外，由于脂肪的调动需要比较长的运动时间，因此运动的时间应该在30分钟以上。

除了慢跑等常规的有氧运动外，利用哑铃来进行全身运动，消耗热量、减肥瘦身的效果也非常好。

持哑铃踏步

这是一个具有有氧运动功能的全身运动，也是一个大腿的力量锻炼，每天锻炼30~40分钟，可综合提高身体素质，减肥瘦身。（动作详解参见第60页）

跳步平举

这是一个非常好的有氧运动动作，每组做10~20分钟，做2~3组，组间休息时间不超过2分钟，可有效消耗体内多余的热量，减肥瘦身。（动作详解参见第91页）

①

减肥塑型，力量练习很关键

有氧运动是从总体来调动脂肪的消耗，而力量锻炼则是进行局部塑型和维持长期高代谢水平的关键。哑铃锻炼能根据不同部位进行针对性的锻炼，而且通过不同的重量能实现减脂或者增肌的效果，也就是说胖点的部位可以通过锻炼瘦下去，太瘦的部位也可以通过锻炼变得丰满，这样我们的曲线就会更加完美。

哑铃锻炼能有效地提高肌肉的质量，这是提高我们代谢水平非常好的方法。代谢水平提高，既可以消耗更多的能量，防止能量过剩，又可以提高能量代谢的速度，增加减肥的效果。我们的基础代谢中有很多部位是相对固定的，比如我们脂肪组织、大脑消耗的能量变化就不会很大，但肌肉的能量代谢变化却是非常大的。在安静的时候，肌肉同样会消耗热量，而肌肉的含量和质量都会影响到消耗量。通过力量锻炼，增加了肌肉的含量和质量，这样即使在安静时，我们的代谢水平也会比别人高一个级别，消耗热量的能力也就更高，从而降低能量过剩的可能性。

而且我们的内脏也含有肌肉，力量锻炼同样可以提高内脏的工作能力，促进了消化机能的提高，加快了能量物质在体内的代谢速度。

从此可以看出，很多女同胞之所以减肥很困难，一个很重要的原因就是她们的肌肉的含量和质量都很差，内脏的功能也很差，导致能量物质在体内的转化效率低下。而且女性经常采用节食、吃减肥药等手段进行减肥，这样会使肌肉的含量以及质量更低，从而使基础代谢水平降得更低。这样的后果就是在减肥的开始效果会很明显，但一停止就立刻反弹，而且比原来更厉害、越减越困难。

所以对于女性减肥者来说，除了要进行慢跑等有氧运动外，力量锻炼也是非常重要的，通过哑铃锻炼等手段来提高肌肉的质量，会对减肥效果起到非常好的促进作用。对于要减肥的女性来说，大腿、胸部、后背等大肌肉群的锻炼更有助于减肥。

俯立飞鸟

这是改变后背肌肉厚度非常好的动作，不但能让肌肉得到更全面的锻炼，提高后背及后肩的肌肉厚度，让后背看起来更加的饱满有形，还能预防颈肩、后背部位的不适症状。

哑铃重量：5~8磅

练习方法

1 站立，双脚分开与肩同宽，膝盖微微弯曲，脚尖向前；脊柱挑直，上身前倾到与地面接近平行，头稍抬；双手持哑铃，掌心相对。①

2 后背从外侧向中间用力，上臂从身体的侧面向外、向上抬起来，尽量让肘部超过后背，肘部向外并弯曲成160° 左右。②

3 抬到最高点后稍微停留，并在后背的控制下慢慢返回。重复进行。

注意事项

保持身体姿势，尤其是上身前倾的幅度；手臂不要向后，手臂抬起来的过程，从侧面看是双臂、肩在同一平面上运动；还原时要保持后背肌肉的用力状态，不要放松。

练习量

每组30~40次，做2~3组。

持哑铃半蹲

除了用 8 磅左右的哑铃进行锻炼外，也可以偶尔选用大重量的哑铃，进行提高肌肉含量的锻炼，比如用15~25磅的哑铃进行4~5组、每组10次左右的锻炼。（动作详解参见第 82 页）

仰卧推胸

除了用 8 磅左右的哑铃进行锻炼外，有条件的可以尝试用 20~30 磅的哑铃，进行每组数量少些但组数多些（5~6 组）的锻炼，提高胸部的肌肉含量。（动作详解参见第 63 页）

垫步哑铃弯举

这是一个组合动作，对整个下肢、手臂、肩部都有很好的锻炼效果，改善这些部位肌肉质量，并通过力量练习达到减肥的效果。

哑铃重量：1~3磅

练习方法

1 站立，双脚脚尖向前，身体挑直；双手持哑铃垂于体侧，掌心相对。

2 右脚向前迈一大步，屈膝下蹲，同时双手向前抬起到与肩同高，肘关节伸直，掌心向上；然后右腿屈膝下蹲，左腿伸直，同时双手屈肘成90°，把哑铃举起，稍停留。①②

3 收回右腿，并伸直肘关节放下哑铃，但保持双臂与肩同高。接着迈出左腿，重复以上动作。交替进行。

注意事项

上身挑直；迈腿的幅度最好能达到下蹲后保持右踝关节、右膝关节均为90°，左膝关节位于身体下方略靠后；下蹲的幅度根据自身情况来定，最好能到大腿与地面平行；手臂要先抬起后屈肘，并始终保持与肩同宽，要在肌肉的控制下进行。

练习量

左右各一次为一下，每组做50~100下，做1~2组。

收紧恼人的“蝴蝶袖”

要看一位女性是否“胖”，其实非常简单，在夏天穿短袖的时候，看看她的手臂就基本得到答案了！有些女同胞在前面看，手臂很纤细很漂亮，但是一旦抬起手臂，就会发现手臂后面肥肥的“蝴蝶袖”，甚至它还会随着手臂的摆动而晃动，太影响美观了。而且年龄越大，“蝴蝶袖”就会更明显。很多女性为此节食、针灸……很多方法都用到了，但是效果就是不明显，让人非常懊恼。

这个部位之所以会这样，跟它的用力情况有密切的关系。我们手臂前面的部位在日常生活中会自觉不自觉的用到，肌肉都得到一定的锻炼，而我们手臂后面的这块肌肉却很少会用到，所以就会导致肌肉含量低，脂肪含量高。而脂肪的弹性相对肌肉来说实在差得太远了，这也是这个部位皮肤松弛的一个原因。

可能你会想，既然这讨厌的“蝴蝶袖”是因为手臂后面锻炼不足引起的，那我就专门锻炼这个部位不就好了吗？错！其实要想让整个手臂显得好看，光锻炼手臂的后面是不够的，要将手臂的前面、后面结合起来锻炼才能收到更好的塑型效果。要想达到这个效果，唯一的方法就是多用这块肌肉，让肌肉收紧，同时将局部的脂肪尽可能的消耗掉。哑铃就是锻炼这块肌肉最好的方法之一。

肩上弯举

每组30~50次，做1~3组，对肩部、颈部肌肉有非常好的锻炼效果，更是去除恼人的“蝴蝶袖”的最佳选择。(动作详解参见第48页)

动作尽量缓慢，绷紧手臂外侧肌肉。

俯身单臂屈伸

每组做 30~50 次，左右各做 1~3 组，能有效收紧局部肌肉，消除“蝴蝶袖”。这个动作还可提高多个关节周围的韧带及肌肉质量，加固关节。（动作详解参见第97页）

此动作也可双手各握一个哑铃同时进行；或双手各持哑铃，把手向后放到肘关节成90°时停住，掌心向下，坚持5~10分钟。

交替弯举

这是一个锻炼上臂前面肌肉的常用动作，能有效收紧上臂的肌肉，去掉“蝴蝶袖”，塑造手臂的优美线条。动作过程中的双手交替运动，对神经系统也有很好的锻炼效果，提高神经系统的机能，防止其过早衰老。

哑铃重量：1~3磅

练习方法

1 坐在凳子上，挺胸抬头，上身挑直，可略微向前倾；双手正握哑铃，掌心向前，放于体侧，上臂夹紧身体。①

2 左上臂前面用力，使肘关节尽量弯曲，把哑铃举起，右臂不动；肌肉用力把左手慢慢“放下来”，同时右手用上臂的肌肉力量把哑铃举起。②

3 左手将哑铃放到底时，右臂正好将哑铃举到最高点，放下时尽可能放到底，但不能完全放松；动作过程保持掌心向前，左右交替进行。

注意事项

保持身体的稳定，上身不能前后随意晃动；上臂要夹紧身体，尽量不移动，保证上臂的最大用力；往下放时上臂不可完全放松，整个练习过程应保持紧张。

练习量

左右各一下为一次，每组做30~50次，做1~2组。

前后平举

这同样是一个对肩部、手臂非常好的锻炼，能有效提高这些部位的肌肉质量，塑造上肢的体型，去除恼人的“蝴蝶袖”。同时还能缓解颈肩部位的不适，如肩周炎、颈椎不适等，促进健康。

哑铃重量：1~3磅

练习方法

①

②

1 双脚分开，与肩同宽站立，膝关节微微弯曲，上身前躬，与地面接近平行，头略微抬起；双手各持一哑铃，手臂伸直，掌心相对。

2 一手向前、一手向后拉起哑铃，拉起的高度使手臂和身体成直线；稍停留后放下，换手进行。双手交替进行。①②

注意事项

保持身体的姿态；双手举起的高度与地面平行，同时手臂肌肉要尽量收紧；向前抬起的手要在肩的正前方，向后的手要贴紧身体。

练习量

每组左右各做30~50次，做1~2组。

推平“小山丘”，收获性感小腹

相信每个女性对小腹上的小山丘都“恨之入骨”了，都会想尽一切办法来对付它。但是这块肥肉真的那么一无是处、非要除之而后快吗？不是。这块肉对女性来说实在是太重要了。男性在小腹内只有有限的组织，而且都不是很重要。但是女性在小腹内却有子宫、卵巢等重要的女性器官，而且这些器官都是非常的“怕冷”，需要特殊的保护，所以人体只要有可能，就会往上面堆积一些脂肪，以保护它们。此时脂肪是非常好的保暖、隔湿材料，防止内脏受到寒冷、湿气的伤害。

女性的一些穿衣习惯也是导致这个地方相对鼓起的原因：女性都喜欢或者需要将腰带提到肚脐的上面，把肚脐上面“勒”得很小，从而使下面就会显得更大了。

其实从健康角度说，女性在这个部位保留适当的脂肪是必须的。而且也并不是只有平坦的小腹才是美的。很多欧美的模特她们的小腹并不是非常平坦，反而是有些微微突出，只是非常的结实，所以依然显得很性感。所以我们可以通过局部的肌肉锻炼，提高小腹的肌肉水平，使小腹变得更结实、更性感。另外肌肉质量的提高，还能帮助我们更好地保护小腹内的脏器，促进健康。

站姿抬腿收腹、仰卧起坐等都能非常有效地锻炼腹部的肌肉，收紧腹肌，消除“小山丘”。

仰卧屈膝举腿

这个动作类似于仰卧举腿，但只要求臀部抬离地面即可，幅度不用很大。此时小腹会非常准确的用力，因此能很好地收紧小腹肌肉。

哑铃重量：1~3磅

练习方法

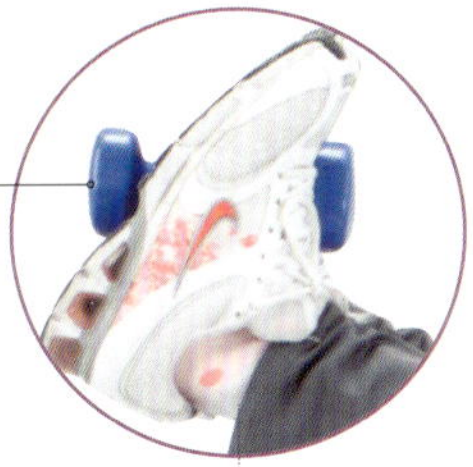

用力夹紧，避免哑铃滑落。

2 小腹用力，将臀部"抬起"，稍停留后还原，重复进行。也可不负重练习。②

1 仰卧在垫子或地面上，上身躺平，双手平放于体侧，双脚夹1个哑铃；双腿膝盖弯曲成90°，举起到大腿与地面平行。①

注意事项

要集中注意力，尽量用小腹的力量来完成动作，此时臀部的抬起不需要太大幅度。

练习量

每组20~30次，做2~3组。

仰卧对起

这是对腹部的一个综合锻炼，尤其对消除腹部侧面的多余脂肪以及消除小腹部的隆起等方面效果会更明显。

①

用小腹力量将腿抬起。

②

练习方法

1 仰卧在垫子或地面上，上身平躺，双手屈肘扶在耳朵两侧；双腿屈膝屈髋，双脚平放于地面。①

2 腹部用力使身体起来，右肘关节借着收腹身体抬起而向左膝盖伸过去，同时左腿抬起，膝盖向右与右肘关节碰上；稍停留后还原，再起时换左肘关节与右膝盖相碰。交替进行。②③

注意事项

这一动作要尽量靠腹部的力量来完成。

练习量

每组30~50次，做1~2组。

收腹练习

动作一

平躺在地上，两手放臂侧，双腿向上举起，与上身成 90°。用腹部力量将臀部向上移动，再回落。重复 2 组，每组 10~15 次。

动作二

平躺在地上，两手向上伸直，双腿与上身成 90°。用腹部力量抬起上身，手尽量接触脚踝，停留 1~3 秒钟，上身下落。重复做 2 组，每组 10~15 次。

动作三

俯卧，四肢着地，用手肘和脚尖支持身体，保持身体挺直。维持此姿势 1 分钟或尽可能长的时间。

小腿抬起至伸直膝盖。

60°

动作四

平躺在地上，大腿抬起 60° 左右，小腿与地面保持平行，双手扶在耳侧，头部离开地面；慢慢伸展腿部到膝盖伸直时收回来，重复进行。重复做 2 组，每组 15~20 次。

做个“翘”臀美人

臀部也是女性堆积脂肪的一个重要位置，大量的脂肪堆积在臀部后，会导致臀部下垂，失去原有的曲线。所以，很多的女性会对这个部位“青睐有加”，专门进行这个部位锻炼，希望能够重新拥有结实的“翘”臀。

不知道大家有没有注意，经常进行跳跃锻炼的女运动员，如排球、篮球、田径等，她们的臀部都会非常紧绷，而且明显向上提。为什么呢？就是由于她们经常进行的跳跃锻炼，对臀部起到了非常好的塑型效果。在锻炼过程中，首先是提高了臀部的肌肉质量，收紧肌肉。其次，锻炼可以消除臀部的脂肪堆积，自然就会改善局部的体型了。

跪姿后抬腿

这一动作对臀部、腰部有很好的塑型作用，能有效收紧臀部肌肉，防止臀部下垂。同时还能预防和缓解腰部不适，比如腰肌劳损、腰部酸痛等。

练习方法

1 跪在垫子或地上，双手伸直放在肩的下方，支撑身体；上身挑直。①

2 腰部、臀部用力，将右腿向后、向上抬起，同时膝盖慢慢伸直；抬到最高点处稍停留后还原，再抬起。重复进行。②

注意事项

注意保持上身的姿势，腰部不要有明显的下塌动作；力量主要来自臀部。

练习量

每组30~50次，左右各做2~3组。

哑铃深蹲

这个动作对提高下肢的肌肉质量及含量，提高身体的代谢水平都有非常好的锻炼效果，对收紧双腿及臀部的肌肉，消除臀部赘肉效果更加明显。但因动作强度较大，最好在其他锻炼之前进行。如果有高血压或心血管疾病者，要在医生或教练的指导下进行。

哑铃重量：5~8磅

练习方法

①

1 站立，双脚分开与肩同宽，身体挑直；双手持哑铃垂于体侧或将哑铃放在肩上双手扶稳。①

②

哑铃始终放在肩上。

2 屈膝屈髋，身体慢慢下蹲到大腿与小腿将要折叠，稍停留后慢慢起来，还原，手始终保持不动。②

注意事项

上身挑直，臀部向后翘，有“臀部向后找凳子坐”的感觉；始终保持大腿、臀部的适当用力，不可下蹲到底；下蹲要慢，用臀部控制下蹲速度。

练习量

每组30次，做2~3组。

让双腿更迷人

几乎所有女性对自己双腿的外形都非常苛刻，无论多瘦都会觉得不够。因为到夏天穿裙子的时候，修长而“纤细”的双腿会给整体外形增色不少。

腿部是不是越细越好呢？肯定不是。我们下肢的肌肉占到人体肌肉总量的50%，而且还包括50% 的骨骼、神经，当我们站立的时候，同样会有 50% 的血液在下肢流动。这么多的 50% 意味着，当我们有效的锻炼双腿时，会使一半的肌肉、神经、骨骼、血管等得到锻炼，从而提高它们的功能。其中下肢肌肉含量的提高，对身体代谢机能的提高起到了非常关键的作用，这对预防糖尿病等代谢性疾病具有很大作用。糖尿病人的一个典型体征就是躯干部位粗胖，而四肢瘦小。更关键的是，下肢肌肉质量的提高，对下肢的血管会起到很好的保护、按摩作用，促进血管的功能，同时能协助心脏将下肢的血液挤回心脏，这对防止下肢的静脉曲张也能起到明显的效果。而且哑铃等力量锻炼可以促进钙沉着到骨骼上，提高骨骼的质量。

因此，女性不应该光注意双腿的粗细，更要注意双腿的肌肉、骨骼质量。有效的力量锻炼，能在提高腿部肌肉质量的同时塑造更加完美的腿型。

女性的腿部的力量锻炼，除了可以用小重量的哑铃进行锻炼外，静力锻炼、拉伸锻炼也是非常好的锻炼手段。

持哑铃踏步

两手臂都要尽量抬高，大腿抬至与地面平行。

90°

90°

90°

①

②

每天练习10~30分钟，既相当于“负重跑步”，这样的“压迫性”锻炼，对收紧大腿肌肉，塑造完美腿型效果非常好。（动作详解参见第60页）

持哑铃半蹲

用5~8磅的哑铃，每组做30~50次，做1~3组，可有效收紧大腿肌肉，塑造完美腿型。（动作详解参见第82页）

保持挺胸塌腰，身体前倾，臀部后翘，以维持身体平衡。

①

②

弓步蹲起

这是女性锻炼大腿的最好动作，不但能消除大腿部的赘肉，塑造完美腿型，在力量锻炼的过程中，还能对柔韧性进行锻炼，对臀部、小腿等也都有很好的锻炼效果。此外，由于要保持腰部的姿势，对缓解腰部的健康问题也会有很好的辅助效果。

哑铃重量：5~8磅

练习方法

1 站立，左脚在前右脚在后，两脚的距离在蹲下后能保证左大腿与地面平行、膝关节成90°（可根据自身情况微调），右膝正好屈成90°，并接近垂直于地面；双脚左右分开约一个脚掌宽，脚尖向前；双手持哑铃垂于体侧，上身直立，抬头挺胸。①

2 左腿屈膝、屈髋，同时右腿屈膝，身体下蹲到左大腿与地面平行，右膝关节接近地面；同时右脚跟抬起，以脚尖点地支撑，保持身体直立。②

3 双腿同时用力站起，还原到预备姿势。重复进行，完成一组后换腿再进行一组。

注意事项

身体不可晃动，从侧面看，上身在动作过程中只是做直线的上下运动；前面腿的膝盖尽量不要超过脚尖；用心体会大腿前面肌肉用力的感觉。

练习量

每组30~50次，左右各做2~3组。

三向控腿

这一动作可有效收紧下肢肌肉，对整个下肢都有非常好的塑型作用，同时由于深度的骨骼刺激，可提高下肢骨骼的质量，尤其是髋关节的质量，对预防股骨头疾患也有重要的作用。

练习方法

1 站立，双手叉腰或扶着椅子等固定物，双脚并拢，脚尖向前。①

2 右腿向前抬起，与地面成约45°，坚持3~5分钟后放下；换左腿进行。②

3 右腿向外侧抬起，与地面成约45°左右，坚持3~5分钟后放下；换左腿进行。③

4 右腿向后抬起，抬起的高度为脚尖离地面10厘米左右，坚持3~5分钟后放下；换左腿进行。④

注意事项

身体始终保持挺直，抬头平视前方；腿 抬起后要保持膝盖伸直，踝关节绷直，同时大腿、小腿都要用力收紧。

练习量

左右各做1~2次。也可根据自己的需要，针对薄弱点增加练习的时间和次数。

拉伸运动

可以针对下肢进行10~30分钟的拉伸锻炼，如正压腿、侧压腿、交叉压腿、压小腿等。另外，瑜伽也是非常好的拉伸锻炼。（动作详解参见第33页）

正压腿

①

双手向前、向下压腿。

②

提踵练习

每天做1~2组，每组50~60次，能有效的锻炼到小腿肌肉，对小腿、脚踝及整个下肢都有很好的塑型和保健作用。（动作详解参见第47页）

挺胸抬头。

双手持哑铃，自然垂于体侧。

①

收紧腹背肌肉。

往上拔腰。

脚面绷直。

②

一周
哑铃瘦身方案

日期	有氧运动	哑铃锻炼	锻炼量	备注
周一	持哑铃踏步30分钟	哑铃推举、旱地划船、仰卧起坐、交替弯举	哑铃推举做3组，每组做15次。其余的做1组，每组做50次	在锻炼的前后做10分钟的拉伸运动
周二	慢跑40分钟	弓步蹲起、跪姿后抬腿、哑铃深蹲、前后平举、俯身单臂屈伸	每个动作做一组	在锻炼的前后做10分钟的拉伸运动
周三	慢跑30分钟	拉伸运动	进行30分钟的拉伸运动	以小强度的拉伸运动作为调整
周四	慢跑40分钟	三向控腿、垫步哑铃弯举、仰卧屈膝举腿	每个动作做2组	在锻炼的前后做10分钟的拉伸运动
周五	慢跑50分钟	俯立飞鸟、仰卧对起、正弓步扩胸，胸肩合练	俯立飞鸟做2组。其余动作做1组	在锻炼的前后做10分钟的拉伸运动
周六	慢跑40分钟	慢蹲起、侧步起、肩腿合练、正弓步扩胸、头后单臂屈伸	哑铃慢蹲起做2组，每组15次；其余动作做1组	在锻炼的前后做10分钟的拉伸运动
周日	休息，或者慢走30分钟			

Zhao Zhi Xin

Nv Xing Jian Kang

Yong Ya Ling

女性一生的力量锻炼

从天真活泼、亭亭玉立到风韵犹存，女性一生的变化特征要典型得多，因此力量锻炼虽然要贯穿着女性的一生，但是同样要根据不同时期的身体需要，进行调整。处于不同时期的女性要根据自己的具体情况，进行针对性的锻炼，才能收到事半功倍的效果。

少年时期的锻炼

一般来说，在12岁以前，力量、速度、耐力、爆发力、柔韧性、灵敏性、协调性等各种身体素质，大部分都处于发展阶段，而且能通过锻炼得到非常好的发展。但是这个时期孩子的骨骼、肌肉等还没有发育完全，不能支撑太大的重量，并且过大的负重会对骨骼产生刺激，促使骨骼过早的愈合，影响身高。另外，孩子的内脏水平还没有发育完成，对运动负荷的承受能力相对要小很多，因此在安排运动时要避免长时间进行单一的负荷锻炼。

不过从另外一个角度看，由于此时孩子的骨骼仍处于生长阶段，接受适当的刺激，尤其是纵向的刺激，会刺激骨骼的生长，提高她的身高水平。而无论是什么样的负荷，都会刺激骨骼长得更加的强壮，为以后打下坚实的基础。

因此，这个时期，女孩子的锻炼应该用比较轻的哑铃，以1~3磅，甚至徒手来锻炼，并且把锻炼变成游戏的形式。除非希望能在某一个项目上取得突破，否则不要过早的进行专项锻炼。在游戏的过程中，孩子的协调性、灵敏性等会得到更加有效的锻炼，这对孩子神经系统的发育会有很大帮助。利用孩子身体水分较多、身体弹性好的特点，多进行柔韧性锻炼，提高孩子关节的活动幅度，为以后的锻炼打好基础。力量锻炼以轻重量的快速锻炼为主，强调动作准确的同时，动作的节奏要适当快些，同时每一组的数量不能太多，有20~25次就可以了。另外，多进行组合性的锻炼，提高孩子的身体协调能力。

大树参天

徒手或双手各持一个1磅的哑铃，每天做2~4次，每次3~5分钟，或早晚各做1次，每次3~5分钟。这一动作可利用身体以及哑铃的重量，对全身的骨骼，尤其是脊柱产生纵向的刺激，促进骨骼的纵向生长。（动作详解参见第39页）

生长操

徒手或用1磅的哑铃，每组15~20次，做1~2组，对全身的骨骼、肌肉及韧带都有很好的锻炼效果，尤其是对脊柱、大腿的锻炼价值非常高。由于此动作有一定的牵拉作用，还能帮助身体长高。（动作详解参见第73页）

原地跳跃

这是一个综合的锻炼动作，小腿既能在跳起时用力，还能调整起跳的方向，保持动作的准确性，对提高神经系统对小腿以及足部小肌肉的精确控制能力有很好的效果，同时对全身的骨骼也是一个纵向的刺激。

练习方法

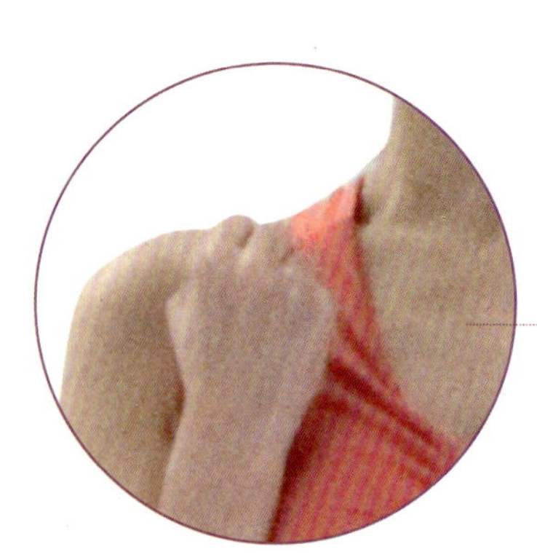

双手也要向上用力，以此带动双脚同时用力。

1 站立，双脚并拢或分开约 1 个脚掌宽，脚尖向前，双手垂于体侧。

2 双手协调向上用力，带动双脚同时用力向上，原地跳起。

3 下落，脚趾先着地，并迅速过渡到全脚掌踩地；为下一次起跳做好准备。

注意事项

有意识地用小腿后面的肌肉来发力；跳起后要伸直膝盖，或者快速地屈膝收腹，把大腿贴向胸前，落地时首先用脚趾着地，然后过渡到全脚掌，同时屈膝下蹲，做好缓冲，避免对关节造成过大的冲击。

练习量

每次连续跳 3~5 分钟，做 1~2 次。

快速推胸

这是一个综合性的锻炼，可以提高身体的整体协调能力及爆发力；双手的上举能刺激到胸部，促进胸部的健康。

哑铃重量：徒手，或者用1~3磅的哑铃

练习方法

1 站立，挺胸抬头，双脚略微分开，脚尖向前；双手各持一个哑铃，屈肘放在身前。①

2 双脚跳起，同时双手用力向斜上方 45° 方向快速推出哑铃，并快速收回；双脚落地呈左前右后站立。②

3 双脚再次跳起，双手快速向上推出、收回，落地时双脚并拢；再次挑起，双手推出、收回，双脚右前左后站立。循环重复以上动作。

注意事项

在跳起、推举过程中，把双脚起跳的力量“传递”到手上；注意落地时的缓冲动作，减少对关节的冲击；双手向上推出要快速，伸直或即将伸直时就要收回；双脚在起跳时做好换脚准备。

练习量

每次进行 3~5 分钟，做 2~3 次。每次感到动作速度慢了，就停下来休息一会儿再做。

青春期的锻炼

在这个时期，女性的神经系统对肌肉等运动器官的控制能力逐步加强，能准确地用某块肌肉来完成特定动作，不但动作的准确性非常高，而且动作的节奏等都把握得非常好。此时进行有效的锻炼，能为以后进行其他锻炼打下良好基础，使以后能很好地学习新的动作或者新的活动。另外，这个时期的女性柔韧性发展很快，通过加强锻炼，能留下一生的印记，以后再进行锻炼，能起到事半功倍的效果。而且良好的柔韧性能使动作的幅度做到很大，让动作既漂亮，又好看。

从另一个角度讲，“爱美之心，人皆有之”，处于青春期的女性开始关注自己的体型。这时，可多进行瑜伽、拉伸等柔韧性锻炼，以加强身体肌肉、韧带等组织的弹性。而对于一些局部，比如上臂后面的“蝴蝶袖”、小腹以及腿部的体型，可以在进行全面锻炼的同时，根据体型的需要，进行局部的加强。

此时的女性，尤其是14~16岁这几年，身体的生长发育处于高峰，各项素质都发展得很快，而且身体的承受能力也大幅提高，能承受更大的负荷锻炼。因此，胸部、脊柱、腿部等大部位的锻炼，应该用15~20 磅甚至更重的哑铃来完成动作，每组的数量可以在 20~30 次左右，可以多做 1~2 组，像胸肩合练、仰卧推胸、仰卧飞鸟、大树参天、生长操、跪姿推举、旱地划船、俯身划船、弓步蹲起、半蹲起、侧抬腿等动作，是这些部位的常用动作，可以多进行。而对于其他需要塑型的小肌肉来说，则应可以采用 1~5 磅的哑铃，做 50~100 次，组数相对少些，能起到很好的局部塑型效果。另外，组合动作也可以多进行，提高身体的协调性。

站姿（坐姿）推肩

8~10磅哑铃，每组15~20次，每次2~3组。这是肩部的一个综合锻炼，对塑造圆滑的双肩以及防止削肩有很好的作用，同时，其中的站立姿势，对提高身体的平衡、协调能力也有很好的促进作用。（动作详解参见第41页）

在下蹲和起立的过程中，保持身体挑直，不要弓腰；脚后跟尽量抬高。

① ②

生长操

1~3磅哑铃，每组15~20次，1~2组。这一动作对全身的骨骼、肌肉及韧带都有很好的锻炼效果，尤其是对脊柱、大腿的锻炼价值非常高，还能促进长高。（动作详解参见第73页）

上斜飞鸟

此时女性的胸部正处于生长发育的高峰期，良好的刺激能促进乳房及胸部肌肉的生长，这套动作可有效提高胸部肌肉的上缘和三角肌的前面以及上臂肌肉的后面，改善体型的同时还能促进健康。此外，通过锻炼这些部位的肌肉，能让胸部有“向上提起”的感觉，使胸部更好看。

哑铃重量：5~8磅

练习方法

1 躺在椅子上，使身体与地面呈20°左右，双脚平放地面；双手持哑铃，掌心相对，手臂伸直与地面垂直，哑铃处于身体上方。

2 略微屈肘，以肘尖为先导，双手向外、向下慢慢打开，将哑铃放至最低点；肌肉用力，双手呈弧形将哑铃举起（感觉是“拉回”到起始状态）。重复进行，一上一下为一次。

注意事项

平卧时，既可改变凳子的位置，也可改变身体位置，使躯干与地面成15°~25°夹角，头略高于躯干。

保持自然呼吸，或放下时吸气，收回时呼气，呼吸节奏要配合动作节奏；双臂与肩在同一水平位置，不要“掉”下去；动作过程的屈肘和伸直都与动作同时进行，而非单独的过程。

练习量

每组15~20次，每次做2~4组。

俯立飞鸟

5~8 磅哑铃，每组 20~30 次，做 2~3 组。这是提高后背及肩部肌肉厚度的良好动作，对削肩及后背“干瘪”有很好的改善作用。尤其适合处于生长发育高峰的青春期女性练习。（动作详解参见第 113 页）

哑铃冲拳

1~3 镑哑铃，每次冲拳 50~100 次，一口气做完。要完成冲拳动作，需要身体的协调用力，所以这个动作不仅对胸部有非常好的锻炼价值，对提高身体的协调性等综合素质也有非常好的作用。（动作详解参见第 107 页）

怀孕前的体能储备

孕育一个优秀的宝宝是所有准爸爸、准妈妈的最大心愿，而要想宝宝健康，首先要有一个良好的身体基础。宝宝在妈妈体内的时候，其生长所需要的所有营养物质，都只能通过妈妈的身体来提供。而此时很多人都认为是靠妈妈的营养摄入来满足的，但是，妈妈的身体基础更加关键：很多准妈妈在怀孕期间吃得非常少，但是宝宝出来时同样是“斤两十足”。

准备要孕育下一代的准妈妈们，需要在准备怀孕前的半年，就开始做身体的锻炼，首先是身体的物质储备，要为宝宝在体内健康成长打下坚实的基础；其次，怀孕以后准妈妈要承担相当大的额外重量，而且随着宝宝的生长，这个重量还要逐渐增加，加上自身体重的增加，身体负重是非常大的。因此提前储备好体能，到时就会觉得轻松很多。更关键的一点是，现代妈妈在分娩后，要重新面对工作，对形象的要求要比以前高出很多，而且拥有良好的身材是每一个女性的追求。如果我们在怀孕前就开展有效的身体锻炼，对我们产后恢复体型也有很大的帮助。

另外，关于孕期的体能储备是全方位的，在此基础上可以突出一些重点部位，比如下肢、腰腹等，要在锻炼过程中适当的偏重。

身体比较瘦弱的女性，在准备怀孕期间更要坚持进行哑铃等力量训练，做好体能储备，这样接下来的10月怀胎也会轻松，而且顺产的几率会更大，孩子也会更健康。

侧弓步侧平举

孕期，女性的腰部、腹部和下肢将承受更大的压力，而这一动作正是对下肢、肩部、腰部的一个综合锻炼，提高这些部位的综合素质，可非常好地锻炼身体的平衡能力，也能增加这些部位肌肉和骨骼的负重及韧性，为怀孕做准备。

哑铃重量：徒手，或用1~3磅的哑铃

练习方法

1 站立，身体挑直，眼睛平视前方，双脚分开约一个脚掌宽，脚尖向前；双手徒手或持哑铃垂于体侧。

2 左脚向左侧跨出一大步，脚尖向前，重心移到左脚，屈膝屈髋，慢慢下蹲到大腿接近与地面平行，右腿保持直立；同时右手向右外侧抬起，抬起到与肩同高，左手保持自然下垂；稍停留。

3 起立，还原到双脚并拢；右脚向右迈出，重复以上动作。双脚交替进行，各完成一下为一次。

注意事项

抬头挺胸，身体可略微前倾，前倾时应以胯为轴；用肩部的力量抬起手臂，抬到与肩同高即可。

练习量

每组为20~30次，做1~2组。

拉伸运动

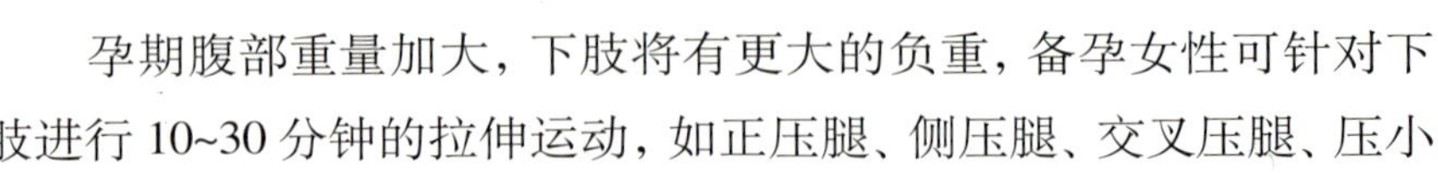

孕期腹部重量加大，下肢将有更大的负重，备孕女性可针对下肢进行 10~30 分钟的拉伸运动，如正压腿、侧压腿、交叉压腿、压小腿等，以提高腿部肌肉的质量和韧性。（动作详解参见第 33 页）

组合练习

我们前面提到的肩腿合练、胸背合练、胸肩合练等组合动作，都是很好的全身锻炼动作，这些动作能有效刺激身体的大部分骨骼和肌肉，可为孕期储备更多能量。（动作详解参见第 52~55 页）

肩腿合练

哑铃侧拉

这是锻炼腰腹侧面的常用动作，可有效提高腰腹部的肌肉力量以及柔韧性，防止腰腹部受到损伤。另外，局部的肌肉质量提高后，还能有效地约束内脏，起到局部塑型的作用。这些不但能为孕期储备能量，还能为怀孕做好腰腹部的负重准备。

哑铃重量：5~8磅

练习方法

1 站立，双脚分开与胯同宽；左手握哑铃垂于体侧，沉肩，右手扶头或叉腰；抬头、挺胸、收腹。①

2 上身以胯为支撑，向右倾斜，保持胯部不动，哑铃尽量往下放；左侧腰部用力，将哑铃拉起。同样保持胯部不动，尽量往对侧拉。稍停留后再向右倾斜，重复进行。②

3 换右手握哑铃，重复以上动作。

注意事项

动作过程中要保持胯部不动，只是上身向侧面倾斜，而不可前后晃动；不可耸肩或者抬起手臂；动作速度不能过快，避免甩动。

练习量

每组为50~100次，左右各做1~2组。

产后的身体恢复

怀孕10个月，在孕育新生命的过程中，妈妈的身体同样得到了很好的“孕育”，由于宝宝在腹部的生长，妈妈的腹部逐渐变大，皮肤、肌肉等都受到很大的牵拉，而一旦分娩后，撑开腹部的力量就突然没有了。此时皮肤、肌肉由于是受到长期的拉伸而变大，原有的弹性不足以让其恢复到原状，就出现了皮肤松弛现象。另外，为了保护腹内的宝宝，腹部在怀孕过程中也会堆积大量脂肪，这些在宝宝出生后都会留下来，从而形成了腹部的大片囊肉，对体型的影响也更加明显。因此，产后的身体锻炼，就是要针对腹部的改变来进行。

除了体型的改变，在怀孕过程中准妈妈为了宝宝的健康成长，会将储存在骨骼、肌肉等等身体组织内的营养物质，分解成宝宝需要的营养物质。而怀孕过程中摄入的营养物质主要是为了满足当时的身体需要，重新存储组成身体组织的很少，再加上在怀孕初期有很多人会有妊娠反应，出现呕吐、不想吃东西等情况，导致营养的摄入受到影响，这些都会导致身体的“亏损”，这种“亏损”会一直延续到产后。因此这时运动的另一个重要目的，就是给身体创造需要，让吃进来的营养物质重新合成为身体的组成，包括骨骼、肌肉等对健康有重要价值的组织；而不是合成对健康有影响的组织，如过量的脂肪等。

另外，在宝宝出生后将近1年的时间内，妈妈还有一项非常重要的工作——哺乳。如果这段时期，妈妈饮食摄入不足会直接导致乳汁的质量下降，甚至影响到宝宝的营养以及以后的发育状况，所以在这段时期，妈妈是很难用饮食控制的方式来进行减脂。

所以，此时对于新妈妈来说，锻炼就显得非常的重要了。新妈妈锻炼应该是全面性的，力量、耐力、柔韧性等基本的身体素质都需要锻炼到，以促进身体尽快恢复。所以，除了下面介绍的哑铃锻炼，新妈妈还要进行慢跑、大步走、爬山等有氧运动，以及类似瑜伽、普拉提等柔韧性锻炼。

产后如何恢复窈窕身姿，是新妈妈们非常关注的问题，适当的哑铃锻炼既能实现瘦身的目的，又能帮助妈妈们收紧腹部肌肉，去掉因生育而出现的“小肚腩”。

单腿后背

孕期由于腹部膨胀，腰部向后挺，并承受了更多重量，因此产后对腰部肌肉和韧性的锻炼非常重要。这个动作对腰椎、腰背部肌肉是一种综合锻炼，可有效提高腰部的力量和活动能力，且操作简单，可在任何时间进行，对臀部肌肉也有明显的锻炼效果。尤其适用于产后女性练习。

练习方法

注意事项

上身不要前倾；抬起的腿要保持膝盖伸直。

练习量

每条腿每次练习要坚持静止 1~3 分钟，每天做3~5 次。

1 直立，双手叉腰或扶一固定物（如椅背）。

2 身体正位不动，左腿尽量向后向上抬起，头略后仰，呈后弓背状态，保持静止 1~3 分钟；收回左腿换右腿后背，重复练习。

也可以一手叉腰，另一手扶固定物，主要是保证身体的稳定。

仰卧对起

以小腹的力量带动腿部抬起。

站姿抬腿收腹、仰卧起坐等都能非常有效地锻炼腹部的肌肉，此外，仰卧对起也是产后收紧腹肌非常实用、简单而安全的动作。（动作详解参见第122页）

拉伸腰部

每天做1~2遍即可。这一动作可有效拉伸腰部肌肉，还是其他产后锻炼动作的一个预备动作，可使产后略显臃肿的腰腹部得到非常好的锻炼。（动作详解参见第34页）

更年期的身体锻炼

提到更年期，相信每一位女性都会有一种莫名的恐惧：烦躁不安、失眠……这些不良的身体感受不但影响到个人的正常生活，也会给家庭带来非常大的影响。而更年期又是女性不可避免的一个过程，因此，我们只能通过有效的手段，让更年期症状尽可能轻些。

我们在前面提到过，城市女性的更年期症状要比农村女性的严重很多。为什么呢？因为导致这些症状的重要原因之一，就是随着年龄的增加，女性体内的雌激素会逐渐下降，并最终停止分泌。在农村，每一位女性都是劳动的能手，她们不断的劳动导致很大的体力支出，反过来就促进了肌肉的生长，让体内的肌肉含量始终维持在一个比较高的水平。更关键的是，通过劳动这样的体力支出，在维持肌肉含量的同时，能有效地提高体内的男性荷尔蒙水平，而男性荷尔蒙水平哪怕是很少一点的提高，都能有效抵消由于雌激素下降所带来的各种不适症状。而生活在城市的女性没有这么多的劳动，就只能通过另外一种的体力支出方式——运动来改善身体的肌肉含量，促进男性荷尔蒙的分泌，从而减轻更年期的各种不适症状。

另外，女性的更年期一般在50岁左右，此时女性大多都到了退休年龄，工作强度逐渐下降，并最终消失。此时会产生大量的“空余时间”，人的思想就会产生非常大的落差。思想上的巨大落差，加上富裕的时间，容易产生“胡思乱想”，从而加重了更年期的症状。此时进行有效的锻炼，会让时间过得更快些，手头有事干了，就不会想太多的事情了。

而且女性的身体在“使用”了几十年后，也开始出现各种毛病，这些更是更年期的“助推器”。因此，此时的锻炼首先是对身体出现问题的部位进行针对性的锻炼；另外一个就是通过一些集体的锻炼去与更多的人交流，结交锻炼的伙伴，改善心情。

哑铃冲拳

每次冲拳 50~100 次，一口气做完，在冲拳时用力喊出声。这一动作不仅可以锻炼胸部，对改善人的心理状态、缓解心理的倦怠情绪等效果也非常明显。（动作详解参见第 107 页）

拉伸运动

有效的拉伸运动，不但能促进血液的流动，而且会让肌肉更加放松，让血液的流动更加自然通畅，这些都对缓解更年期的生理和心理不适大有裨益。（动作详解参见第 33 页）

肩部拉伸

肩关节是运动中用的最多的关节之一，肩部拉伸动作可以使肩关节得到放松。

60岁以后的身体锻炼

就如一台使用几十年的机器一样，此时身体的衰退是不可避免的了，而且各种的毛病开始出现。因此60岁以上的女性，最关键的就是进行功能性的锻炼，通过锻炼减缓身体各种功能的衰退速度，提高生活的质量。

不过，此时的锻炼，要根据自己的实际情况来进行，一定不能逞强，要循序渐进、持之以恒地进行锻炼。能完成的动作要尽量完成，而不能完成的动作要从零开始，逐渐的增加，争取让其恢复到一定的水平，提高生活的质量。

这个时侯，首选慢跑等冲击强度比较大的有氧运动，另外，哑铃等力量锻炼也是非常重要的。

年纪稍长一些的女性，在做哑铃锻炼时，可以像赵之心老师和他夫人这样，让爱人陪自己共同进行，既可以让锻炼成为一种生活乐趣，又能避免因过度练习出现意外。

生长操

生长操同样是一个非常好的全身锻炼动作，每天早晚各做 5~10 次，就能很好地刺激全身的骨骼和肌肉，让慢慢衰老的身体找回青春的感觉。（动作详解参见第 73 页）

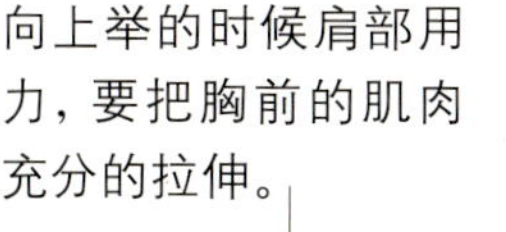

各种组合动作

我们前面提到的肩腿合练、胸背合练、胸肩合练等组合动作，都是很好的全身锻炼，这些动作能有效刺激身体的大部分骨骼，提高骨骼和肌肉的质量，延缓身体衰老。（动作详解参见第 52~55 页）

胸肩合练

附录：运动+营养，为美丽健康加分

如果说通过运动，我们可以拥有完美的身姿，那么正确的摄入营养，则会带给我们更加健康的皮肤以及靓丽的神采。

运动本身能够刺激人体吸收更多的营养，同时，营养也能决定运动效果的好坏。就拿瘦身来说，如果你只是单纯的运动，却不注意摄入正确的营养，还是像以前那样肆无忌惮地咀嚼美味，那运动的结果只能是长更多的肉。

另外，运动本身是一个消耗的过程，如果消耗的物质，没有得到有效补充，那么身体就会亏空，就会威胁到我们的健康，如果整天病怏怏的，即使瘦下来也不会美。所以，运动和营养要配合进行，尤其是进行力量锻炼，更需要合理摄入营养来加深运动对健康的促进作用。

目前，专家们习惯将身体所需要的营养素分出七个方面：水、碳水化合物、蛋白质、脂肪、膳食纤维、矿物质、维生素，在这里我们将氧气也加上，因为氧气对运动的作用非常大。

氧气，女性最重要的营养

在所有营养中，氧气对女性来说是最关键的一种营养，因为氧气是一切生命活动最重要的物质，也是女性健康的根源所在。说到这一点，相信你肯定会想，我们的生存环境并不缺氧，我们的呼吸都很顺畅，氧气对于我们来说应该是很容易获得。真的是这样吗？

身体是否缺氧，不光是看氧气的摄入是否充足，当我们身体运送氧气、利用氧气的能力不足时，我们也会出现缺氧症状，比如疲倦、犯困、精力不集中、累等反应，尤其是在饭后，很多人都会有“昏昏欲睡”的感觉，身体困得不得了。

这时候，我们需要体内的氧气供应，有氧运动就是最好的补氧方式。它可以加速血液循环，使呼吸加深加快，让血液获得更多的氧气，并且提高氧气的利用率。它还会使我们的血液变得更加健康，更加优秀，在不运动时也能携带足够的氧气，满足身体的需要。

慢跑、爬山、快走、大步走等都是最常见的有氧运动。每周应该进行 3~5 次这样的运动，每次最好坚持30~40分钟。

水，留住美丽的秘诀

人都说“女人是水做的”，所以女人和水自古就有着难解之缘。一般来说，女人的新陈代谢要比男人慢一些，每天的消耗量也比男人要低一些，因此女人常常比男人更容易缺水。缺水的女人是干燥的、晦暗的、无光泽的，只有及时补水，才能让女人变得水润，变得清澈喜人。

另外，水为生命之源，无论任何时候，对健康都非常重要。人体内的所有的代谢反应都是在水中完成的，营养物质的运送、毒素的排出同样需要足够的水分才能进行。如果水分不足，那么身体就会启动应急机制，减慢代谢的速度，从而影响到运动能力。

平时我们每天需要1200~2000毫升水。在运动前，可以喝200~500毫升的含糖的、呈“碱性”的饮料，比如自制的果汁、小苏打水、专门的运动饮料等，但最好不要喝可乐等碳酸饮料。运动中，要随时补充水分。此时补水每一次只喝一两口，每隔几分钟就喝一次。

蛋白质，塑造性感健美身材

“蛋白质”一词源于希腊文，意思为第一位，可见蛋白质对身体的重要性。蛋白质是构成肌肉的主要成分，是肌肉的基础物质。可能你会想，我又不想变成“肌肉女”，蛋白质长肌肉那还是不要好了。要知道，现在过度丰满和消瘦的体型都不再流行了，反而像性感女星安吉丽娜·朱莉那样的充满弹性和曲线美的身材，更受推捧，如果你也想拥有活力健美身材，那蛋白质就是你不可缺少的营养物质。

当然女性并不需要太粗的肌肉，所以蛋白质的摄入通过平常的饮食，适当的增加一些就足够了，不需要刻意的补充。一般来说，正常人每天的蛋白质需要量在1~1.5克/千克体重，比如一个60千克的人，每天需要的蛋白质的量为60~90克。一般选择脂肪含量低的肉类、奶类及奶制品、豆类食物来作为蛋白质的来源是比较好的，但是一定不能多吃、单吃，要少而杂。

碳水化合物，分解脂肪轻松享“瘦”

碳水化合物包括糖、蔗糖、糖原、淀粉等，大量存在于米、面、玉米等做成的主食中，另外土豆、红薯、山药、糖分含量比较高的水果等食物中含量也比较高。

很多女性为了加快减肥速度，控制热量而不吃主食，这种做法是非常错误的。与蛋白质和脂肪不同，身体中的碳水化合物储备非常有限。如果在运动时人体得不到充足的碳水化合物供应，将导致肌肉出现疲乏而无动力，而且还会降低大脑的工作效率。最重要的是，碳水化合物可以参与脂肪和蛋白质的分解代谢过程，帮助身体排出毒素，因此它不但不是变胖的罪魁祸首，反而能帮你实现瘦身变美的目的。

补充碳水化合物，平时可以吃一些血糖系数比较低的、胃排空速度比较慢的食物，比如粗粮、米面、土豆等，尤其是土豆等薯类，只含有0.1%的脂肪，是非常好的减肥食品。

脂肪，让人又恨又爱

很多人，尤其是女性和减肥的人，都十分害怕脂肪，认为脂肪有百害而无一利，恨不得把饮食中的所有脂肪都去掉。其实，脂肪对身体的作用还是利大于弊的，只有过量摄入脂肪才会导致各种问题。

脂肪是构成细胞壁的重要物质，如果脂肪摄入不足，受损细胞就无法修复，这会加速人体的衰老速度。而且脂肪摄入不足还会导致维生素的缺乏，尤其是维生素 E，从而会引发一系列生理问题，如内分泌紊乱、痛经等。另外，脂肪还能维持皮肤的“水灵”，脂肪不足的女性，皮肤也会变得干燥、粗糙没有光泽。

反之，如果脂肪摄入过多，那最直接的后果就是脂肪堆积，导致变胖。因此正确摄入脂肪非常重要。根据权威膳食配方，脂肪应该占每日摄入量的 20% 左右，如果低于 10% 就会出现脂肪不足现象。摄入脂肪最好选择植物油，避免食用动物油脂。

矿物质，女性健康美丽的根本

矿物质亦称为无机盐，是组成生命之体的重要成分之一，约占体重的 2.2%~ 4.3%。它们在构成人体结构、调节机体代谢、促进生长发育等方面起着特有作用。因此，有人说：“当你邂逅了矿物质，你便邂逅了健康和美丽。”

矿物质缺乏症是女性的健康大敌，但是人们习惯面对“缺”的概念时以“补”为上。其实“补”字的背后应该从两个方面考虑：一是注意食补或药补，二是通过“运动”去改善人体的主动吸收能力。严格上讲，人的“主动吸收”功能是建立在人体特有“平衡机制”上的。当人进行锻炼时使原有“平衡”被打破，又创建了新“平衡”，此时“主动吸收”才变得更为“精彩”。例如：钙吸收最好是有运动的前提，也就是“运动 + 补钙 = 骨健康”。总的来说，矿物质是女性健康的银行，而运动是女性的健康之本。

营养素	钙	铁
需求量	成人每日需要量为 1000 毫克左右，儿童、孕妇、大强度劳动或运动的人摄入量要增加	成人的每日需要量约为 15 毫克。补充铁的同时需服用维生素 C，有助于铁的吸收
食物来源	奶与奶制品、小虾皮、海带、豆和豆制品、各种瓜子、芝麻酱、菠菜、杏仁、麦麸、鳄梨、黑米、大比目鱼等	动物肝脏、畜禽肉类、动物血、鸡肉、豆类、菠菜、甘蓝、鱼类等

维生素，帮你变身“V美人”

维生素在人体的构造中并不像蛋白质那样起着非常重要的奠基作用，但是也是不可缺少的一种物质。维生素是人体内新陈代谢的重要辅助物质。

人体内的新陈代谢就是一大堆的分解—合成、氧化—还原反应，所有的这些反应都需要酶的参与；营养的吸收，肌肉的分解合成，能量的供应等等，也需要酶的参与。而维生素和矿物质则是这些酶保持和产生活性的重要物质，没有它们，酶就没有活性，身体的反应就不能继续，不光健康得不到保障，甚至生命都会受到威胁。因此，如果你想要通过运动实现健康美丽的愿望，每天必须保证有充足的维生素和矿物质的摄入，以使身体的新陈代谢能流畅进行，维持较高的力量水平。

另外，维生素对于皮肤的好坏，起着极为重要的作用。例如：维生素A可使皮肤变得水润；维生素C具有美白功能，可抑制黑色素生成；维生素E使脸部毛细血管循环畅通，促进表皮细胞新陈代谢，延缓皮肤的衰老；而如果缺乏维生素B_2、维生素B_6，则会使肌肤角质化变得粗糙。因此，女人想要更健康更美丽，维生素是非常重要的。

营养素	维生素A	维生素B_2	维生素B_6	维生素C	维生素E
需求量	成人每天需要0.8毫克	成人每天需要1.2~1.7毫克	成人的每日需求量为1.5~2毫克	成人每天的需求量是50~150毫克，大运动量的人可以超过200毫克，分成2~3次摄入。如果运动量不是很大，不应该超过100毫克	成人每天需要14毫克左右，大运动量者可以稍微增加摄入量，最多时可达平时的4倍
食物来源	绿叶菜类、黄色菜类、水果类、动物肝脏、奶及奶制品、蛋等	牛奶、动物肝脏、酿造酵母、奶酪、绿叶蔬菜、鱼、蛋等	动物肝脏、麦芽、圆白菜、糙米、蛋、花生、胡桃、燕麦、金枪鱼、鲑鱼、豆类、土豆、香蕉、鸡肉等	绿色蔬菜、花菜、苋菜、青椒、红辣椒、甘蓝、土豆、水果类、胡椒、肉及家禽类等	麦芽、大豆、植物油、坚果类、芽甘蓝、绿叶蔬菜、菠菜、全麦、未精制的谷类制品、蛋等

《手足按摩治百病》

“靳三针疗法”创始人
靳瑞教授直传弟子
彭增福 主编

9种按摩手法巧掌握
50种常见病对症施治
7大养生真法保健康
一人学会全家受益

手足为阴阳经脉交会之处，是经脉之根本，故按摩手足可以起到治疗保健之功效。此书所讲方法简单，并且将病症的按摩步骤清晰地呈现出来，使读者亲身感受到专家的指导，“一看就懂，一学就会”，可轻松地将神奇有效的按摩术应用到生活当中。

图书在版编目 (CIP) 数据

赵之心女性健康用哑铃 / 赵之心编著 . —上海：文汇出版社，2010.5

（文汇生活馆·健康爱家系列）

ISBN 978-7-80741-821-4

Ⅰ . 赵…　Ⅱ . 赵…　Ⅲ . 女性—哑铃 — 健身运动　Ⅳ .G835.4

中国版本图书馆 CIP 数据核字（2010）第 035688 号

赵之心女性健康用哑铃

编　　著 / 赵之心
责任编辑 / 竺振榕　胡少英
装帧设计 / 李　婧　苏　洋　马　丽　胡永强
出版发行 / **文匯**出版社
上海市威海路 755 号（邮政编码：200041）
出 版 人 / 桂国强
经　　销 / 全国新华书店
印刷装订 / 北京天成印务有限责任公司
版　　次 / 2010 年 5 月第 1 版
印　　次 / 2010 年 5 月第 1 次印刷
开　　本 / 889×1194　1/20
字　　数 / 150 千字
印　　张 / 8
印　　数 / 10000
书　　号 / ISBN 978-7-80741-821-4
定　　价 / 39.80 元